RELATION

DES ÉVÈNEMENS

QUI SE SONT PASSÉS EN FRANCE

DEPUIS LE 1er MARS JUSQU'AU 20 NOVEMBRE 1815.

CET OUVRAGE SE TROUVE AUSSI AU DÉPÔT

DE MA LIBRAIRIE,

Palais-Royal, galeries de bois, nos 265 et 266.

RELATION DES ÉVÈNEMENS QUI SE SONT PASSÉS EN FRANCE DEPUIS LE DÉBARQUEMENT DE NAPOLÉON BUONAPARTE, AU 1er MARS 1815, JUSQU'AU TRAITÉ DU 20 NOVEMBRE;

SUIVIE D'OBSERVATIONS SUR L'ÉTAT PRÉSENT DE LA FRANCE ET SUR L'OPINION PUBLIQUE.

PAR MISS HELENA-MARIA WILLIAMS.

TRADUIT DE L'ANGLAIS, ET ACCOMPAGNÉ DE NOTES CRITIQUES ET D'ANECDOTES CURIEUSES,

PAR M. BRETON DE LA MARTINIÈRE.

PARIS,
J. G. DENTU, IMPRIMEUR-LIBRAIRE,
rue du Pont de Lodi, nº 3, près le Pont-Neuf.
1816.

PRÉFACE

DU TRADUCTEUR.

Je n'ai jamais personnellement connu ni même rencontré dans le monde miss *Helena-Maria Williams*, auteur de cet ouvrage. Je sais seulement que cette dame s'est fixée depuis longues années à Paris, et qu'elle habite peut-être encore dans un de nos faubourgs.

Cependant j'avais lu ses premiers écrits, notamment son édition de la *Correspondance de Louis XVI*, avec des notes beaucoup plus étendues que le texte, un *Nouveau voyage en Suisse* et un *Aperçu de l'état des* mœurs *dans la république française.* Je me rappelais que, dans toutes ces productions, miss Williams avait fait à l'esprit du temps et du gouvernement d'alors, au moins de très-larges *concessions*, et j'étais curieux de voir comment elle concilierait ses *vieilles admirations* avec l'excellent esprit qui, au jugement des journalistes anglais, animait son nouvel ouvrage sur les évènemens de 1815.

Je fis donc venir ce volume de Londres, et je crus que la traduction en pourrait être utile et agréable au public.

Utile; car le succès de l'écrit de miss Williams en Angleterre prouve que les sentimens qu'elle y montre à l'égard des droits de la légitimité et du caractère personnel de notre Monarque, sont ceux de l'universalité de ses compatriotes.

Agréable; car si miss Williams parle de beaucoup de faits dont nous avons été témoins oculaires, et qui se trouvent déjà consignés dans un grand nombre de pamphlets, elle les présente du moins d'une manière fort intéressante, et les entremêle d'anecdotes qui sont généralement peu connues.

Nous ne pouvions nous permettre d'altérer le sens précis de l'ouvrage de miss Williams, sous prétexte de redresser des erreurs ou de remplir des lacunes; cependant nous ne pouvions pas non plus laisser passer sans commentaires des faits ou des réflexions que nous regardions comme erronés ou présentés d'une manière incomplète. Ces corrections et ces développemens ont fait l'objet de notes extrêmement nombreuses ; et nous croyons que, sur beaucoup de points, nos observations piqueront la curiosité de nos lecteurs. L'imprimeur de cet ouvrage nous en a fourni aussi quelques-unes ; ces remarques particulières et les nôtres sont désignées par cette abréviation entre parenthèses (*N. du t.*), afin qu'on ne soit pas exposé à les confondre avec les notes qui appartiennent à miss Williams.

Nous demandons pardon à l'auteur anglais du ton quelquefois morose que nous nous sommes cru obligés de prendre dans plusieurs de nos réflexions critiques. Nous ne partageons pas, à beaucoup près, ses idées sur certaines choses et sur certaines personnes.

Quoique l'auteur avoue de bonne foi dans

son Introduction, c'est-à-dire dans la lettre à M. ***, à qui elle a envoyé successivement les chapitres de son histoire, à mesure que les évènemens se passaient sous ses yeux; quoiqu'elle avoue être bien revenue de ses erreurs sur les bienfaits que promettait la révolution française, nous la soupçonnons néanmoins d'être incorrigible sur quelques points. La liberté absolue, illimitée de la presse, telle qu'elle n'existe pas *de fait* à Londres même, nous paraît une de ces chimères sur lesquelles se repose volontiers notre auteur philosophe.

Comment miss Williams ne s'est-elle pas rappelé cette lettre vraie ou simulée de l'infortuné Louis XVI au vertueux Malesherbes, datée du 13 décembre 1786, et qui, si elle n'est pas de ce Monarque, est bien certainement digne de lui (1)?

(1) On a publié, en 1803, deux volumes in-8° intitulés : *Correspondance politique et confidentielle, inédite, de Louis XVI avec ses frères et plusieurs personnes célèbres, pendant les dernières années de son*

« J'aime et j'estime les hommes, mon cher Malesherbes, qui, par des ouvrages utiles,

---

règne et jusqu'à sa mort, avec des observations, par Helena-Maria Williams. A Paris, chez Debray.

La manière dont cette collection a vu le jour serait assez curieuse à connaître. Les premiers éditeurs devaient être MM. Sulpice de la Platière et Babié, qui vendirent le manuscrit à MM. Levrault, libraires, moyennant la modique somme de 2,400 fr. Le manuscrit passa dans les mains d'un autre spéculateur qui chargea miss Williams de modifier le commentaire des éditeurs primitifs, ou d'en faire un nouveau. Miss Williams a conservé, dans sa préface, plusieurs passages de celle de MM. Babié et de la Platière, laquelle paraît avoir été conçue dans un meilleur esprit que la sienne. Bien certainement MM. Babié et de la Platière ne se seraient point permis une phrase telle que celle-ci : « Quelque disposition qu'on puisse avoir à jeter quelques fleurs sur la tombe d'*un infortuné*, il est permis de douter que la postérité, *même la plus reculée*, décerne *jamais* à Louis XVI les honneurs de l'*apothéose*. »

Cette postérité, miss Williams, est arrivée pour la réprobation des régicides; bientôt le nom de saint Louis-le-Martyr sera désigné à la vénération des fidèles. Mais pourquoi, avec de telles idées, ou soumise à la nécessité de telles précautions oratoires, ne brisiez-vous pas plutôt votre plume !....

Frange, miser, calamos, vigilataque prælia dele.

La correspondance de l'illustre et infortuné Monarque est-elle authentique dans sa totalité ? Voici ce que dit à

prouvent qu'ils font un sage emploi de leurs lumières; mais je n'encouragerai jamais par aucun bienfait particulier les productions qui tendent à la démoralisation générale. Voltaire, Rousseau, Diderot et *leurs pareils* qui, *un instant, ont obtenu mon admiration*, que j'ai su priser depuis, ont perverti la jeunesse qui lit avec ivresse, et la classe la plus nombreuse des hommes qui lisent sans réflexion... Prenons-y garde, nous aurons PEUT-ÊTRE

---

ce sujet miss Williams d'une manière assez énigmatique :

« Il est inutile de faire connaître les raisons qui ont retardé cette publication, et encore plus les moyens qui ont fait tomber ces manuscrits en mes mains. *Ce qu'il y a de plus important à prouver, c'est leur authenticité*. L'auteur du recueil déclare, dans une note qui précède sa préface, que les originaux sont déposés entre les mains d'une personne qui se fera un plaisir et un devoir de les communiquer aux curieux et aux incrédules. »

Miss Williams n'ayant pas eu soin de nommer ni l'auteur du recueil ni le dépositaire, il en résulte une incertitude qu'elle se croira sans doute obligée quelque jour de dissiper. Au reste, on ne l'a jamais accusée d'avoir, dans cette publication, joué le rôle de *mystificateur*.

un jour à nous reprocher un peu trop d'indulgence pour les philosophes et pour leurs opinions. Je crains qu'ils ne séduisent la jeunesse, et qu'ils ne préparent bien des troubles à cette génération qui les protège..... Il est évident que la philosophie trop audacieuse du siècle a une *arrière-pensée.* »

Ils avaient aussi de sinistres arrière-pensées ces écrivains qui, dans le *Censeur,* dans le *Nain-Jaune* et dans d'autres libelles périodiques, préparèrent, en 1814, les malheurs de 1815. Aux calculs de l'esprit de parti, se joignaient les spéculations encore plus basses de la cupidité. Le *Nain-Jaune,* enflé de l'incroyable succès de ses tables de proscription, ouvertes sous la dénomination perfide d'*ordre de l'éteignoir,* allait augmenter au 15 mars 1815 le prix de ses abonnemens, et le porter de 10 fr. à 15 fr. par trimestre. Le retour de Buonaparte rendit tout à coup sans objet ses honteuses et ridicules satyres. Aussi vit-on le *Censeur* et le *Nain-Jaune*, pour perdre le moins possible de souscripteurs, ou regagner d'un côté ce qu'ils perdaient de l'autre, revêtir les couleurs d'une opposition en sens contraire. On n'a pas perdu le souvenir du tome VI du Censeur, que la police de Buonaparte feignit un instant de vouloir saisir, ni du morceau intitulé *Buonaparte au 4 mai,* qu'on fut tout surpris de voir paraître dans le Nain-Jaune.

Nous ne craignons plus aujourd'hui de pareils abus, quoique les restrictions à la liberté de la presse pour les ouvrages non périodiques aient cessé, et que la censure n'existe plus. Mais la Cour prévôtale, la Cour d'assises sont là pour faire justice des factieux, de quelque masque qu'ils se couvrent. Le *Diable boîteux,* qu'on avait cru un moment voir marcher sur les traces du Nain-Jaune, et dont les *coups de béquille* (1) semblaient admirable-

---

(1) Une phrase du prospectus du *Diable boîteux* promettait beaucoup :

« Après avoir passé dans les camps, dit l'auteur anonyme (*), une grande partie de ma jeunesse, j'étais à

(*) Quel est donc ce soldat anonyme qui a passé une partie de

ment inventés pour suppléer les *brevets d'éteignoir* ou les *trompettes* du Journal des Arts, se

---

Paris, *comme beaucoup d'honnêtes gens*, sans argent, sans place et sans autre soutien qu'un grand fonds d'amour pour les lettres, dont j'espérais bien me faire une ressource. »

Ce ton, ce style avaient une malheureuse conformité avec un passage non moins remarquable du prospectus du *Nain-Jaune :*

« Ils (les rédacteurs de ce journal) aiment, ils culti-
« vent les lettres, mais *ils n'en font point leur profes-*
« *sion ;* ils n'ont d'autre mobile que l'intérêt *des arts*,
« de la morale et de la vérité. »

Mais, par malheur, l'association de gens de lettres à la *demi-solde*, qui s'est chargée de ressusciter le spirituel démon de Le Sage, ne l'a pas imité aussi bien qu'il avait rendu lui-même le *Diablo cojuelo* de Guevara.

sa jeunesse dans les camps? Serait-ce M. J..., que nous avons vu depuis plusieurs années travailler successivement au *Mercure de France*, à la *Gazette de France*, au *Journal général*, enfin à la Gazette de France comme censeur de la police de l'usurpateur en 1815, et commissaire impérial au théâtre de l'Opéra-Comique?

Non, nous ne pouvons croire que cet *honnête homme sans place, sans argent, sans ressource*, pour nous servir de ses propres expressions, soit M. J..., car à l'époque de l'entreprise de ce *Diable*, nous lui connaissions 10,000 francs de revenu à la Gazette, 1,500 fr. de sa place de l'Institut, son droit d'auteur dans la spéculation des *jeux de cartes historiques* et dans les *feuilletons* de la Gazette reproduits en volume, etc.

Encore un coup, quel est donc ce soldat mystérieux?

traînera, s'il conserve quelque existence, dans une honnête et innocente nullité ; et s'il dit quelque mal, il n'en fera pas.

Contraints, par prudence ou autrement, à s'abstenir de dissertations politiques, ils n'ont pas même su répandre dans leurs productions cette méchanceté qui doit tenir lieu d'esprit à tout libelle, ainsi que l'a si bien exprimé M. Hua, avocat-général, dans le spirituel et éloquent plaidoyer que lui a inspiré l'affaire du *Nain-Tricolore*, « se disant fils unique et héritier en ligne directe du « *Nain-Jaune*. »

A M. *****.

MONSIEUR,

S'IL restait, après les ouvrages de tant de moralistes, quelque chose à dire sur le triste avantage dont serait, pour l'homme, la connaissance de l'avenir, j'aurais une bonne occasion pour ajouter aux observations lumineuses qui ont pu être faites sur ce sujet, depuis le commencement du monde.

Mais pourquoi m'avez-vous fourni vous-même un fâcheux exemple de la vérité de ces préceptes? Pourquoi, l'année dernière, et au commencement de cette année 1815, lorsque les Anglais de distinction se rendaient en foule sur le Continent, avez-vous différé de jour en jour votre voyage, jusqu'à ce que vous n'eussiez plus la possibilité de l'accomplir ?

J'étais à Paris, vous à Londres. Nous n'étions, géographiquement, séparés que par un court espace de quelques lieues ; mais tout à coup les deux pays se sont trouvés à une distance incommensurable, par l'ascendant de cette volonté implacable qui a posé entre les nations une barrière beaucoup plus imposante que la fameuse muraille de la Chine. Vous supposerez aisément que je voyais encore une fois avec plaisir l'arrivée de ces groupes de voyageurs qui parlaient ma langue natale, qui me rappelaient les souvenirs de ma jeunesse, qui me retraçaient, comme par enchantement, ces images du passé, auxquelles le cœur ne s'arrête pas sans émotion, et qui nous font connaître, en quelque sorte, un *second printemps*, selon l'expression du poëte.

Mais hélas! au milieu de ces groupes qui se sont rapidement succédés, pourquoi n'ai-je jamais rencontré l'ami de ma jeunesse? Pourquoi, vos préparatifs de voyage terminés, n'avez-vous pas mis votre projet à exécution? pourquoi enfin avez-vous attendu le moment où je ne pourrais plus vous presser de venir sur le Continent, sous peine de vous exposer à des dangers personnels?

Ce n'a pas été une petite mortification pour Buonaparte, après sa réinstallation dans un palais usurpé, de voir s'enfuir rapidement tous nos insulaires voyageurs. Il aurait dû songer que, dans les folies politiques qui ont si souvent agité la France, on n'a guère pris la peine de varier les formes; et que les Anglais qui avaient fait une fois la fatale expérience de se voir constituer prisonniers, ne s'exposeraient pas, de gaîté de cœur, à un pareil désagrément, quoique l'on eût bien reconnu l'extravagance d'une mesure aussi impolitique. Les Anglais néanmoins auraient dû peu craindre la récidive, et s'appliquer à eux-mêmes ce joli mot que l'on prête à M. de Lafayette. On pressait, en 1790, ce général de faire renouveler le serment de la première fédération : « Mes amis, dit-il, le serment n'est pas une ariette qu'on joue « deux fois. »

Au reste, la peur ne permet pas toujours de raisonner juste. Les Anglais sont partis, et vous avez ajourné votre voyage à Paris, jusqu'au retour de la dynastie légitime des Bourbons : ce qui me donne l'espoir de ne le voir pas trop long-temps différé.

En attendant cette heureuse époque, je tracerai, d'après votre désir, dans une série de chapitres, les évènemens qui se passeront successivement sous mes yeux. Vous pourrez les publier un jour, si vous croyez que cette esquisse soit digne de quelque intérêt.

Plusieurs de mes compatriotes m'ont souvent demandé pour quel motif je n'avais pas continué de décrire les évènemens contemporains. J'ai peut-être eu tort d'abandonner cette tâche; car si je n'ai pas les talens nécessaires pour la bien remplir, je jouis du moins de la position requise pour amasser des matériaux. Pendant ma longue résidence à Paris, j'ai été successivement témoin de toutes les phases de la révolution qui a fait naître une liste si longue de souvenirs, de calamités, de triomphes et de crimes.

Mais la verge de fer du despotisme comprimait mon ame et la privait de toute son énergie. Le chevalier de Boufflers avait coutume d'appeler Buonaparte *le Cauchemar de l'univers*. L'idée des inconvéniens fâcheux auxquels on s'exposait, seulement en rassemblant certains documens pour une pareille histoire, aurait suffi pour ébranler le courage le plus intrépide. Pendant la première usurpation de Buonaparte, tout le monde regardait sa tyrannie comme à jamais confirmée. Celle-ci ne paraissant pas de longue durée (1), je ne ferai pas comme les Israëlites, je ne suspendrai pas ma lyre aux branches des saules, et je ne désespérerai point de l'avenir.

Je commence par le second tome de l'histoire de Napoléon, ou, pour me servir de l'expression ingénieuse de Mme de Staël, par le second tome des *Aventures de Buonaparte.* Je réserve le premier volume à une meilleure époque, ou plutôt je m'en repose sur un plus habile historien. Il me serait impossible, dans l'agitation actuelle de mon esprit, de commencer, comme

(1) Cette lettre, formant l'introduction de l'ouvrage, a été écrite au mois d'avril 1815.

on dit, par le commencement. Je partage le sentiment qu'éprouvent tous ceux qui ont été témoins oculaires de la révolution; j'ai une répugnance invincible à revenir sur le passé. Lorsque nous réfléchissons à tout ce que nous avons vu et souffert dans ce pays, notre ame se replie sur elle-même, et nous éprouvons cette sensation douloureuse que l'immortel Shakspeare a si bien décrite :

The very place puts toys of desperation,
Without more motive into every brain.

« Il est des lieux dont le seul aspect, sans aucun motif dont « nous puissions nous rendre compte, nous fait frissonner d'hor- « reur. »

Il faut remarquer aussi que tous ceux qui ont suivi la révolution ont vu s'écouler le temps avec une lenteur prodigieuse. Si nous n'avions d'autre mesure du temps que les évènemens, nous pourrions dire avoir vécu, non des années, mais des siècles.

En un mot, je ne puis me résoudre

à prendre dans mon récit les choses plus haut que le 1er mars 1815.

Avant d'entrer en matière, permettez-moi de dire un mot de moi-même : je m'en acquitterai avec brièveté; c'est le premier mérite que nous puissions avoir auprès des autres, quand nous les entretenons de ce qui nous concerne personnellement. Vous m'avez fait, dans votre dernière lettre, un sanglant reproche. J'y trouve cette phrase soulignée à dessein : *Vous fûtes autrefois buonapartiste!*

Je n'ai d'autre moyen de répondre à une telle accusation, que de m'avouer coupable. Oui, j'ai admiré Buonaparte, j'ai admiré aussi la révolution française. Ma jeune et fougueuse imagination voyait l'astre de la liberté se lever sur les coteaux fertiles de la France, pour répandre des bénédictions sur l'humanité entière. Je voyais les portes des prisons ouvertes, la lumière du jour pénétrant pour la première fois dans des cachots infects; les paysans ne gémissaient plus sous l'oppression; l'égalité des droits, l'égalité devant la loi, l'âge d'or, en un mot, allaient renaître et tout le monde serait heureux (1).

(1) Pourquoi l'auteur qui a publié la *Correspondance* vraie ou prétendue de Louis XVI, et qui a dit se pénétrer des sentimens de ce prince, ne s'est-elle pas rappelé que ce fut une ordonnance du 30 août 1780, antérieure de neuf années à la révolution, qui abrogea tout ce que l'ancienne jurisprudence criminelle avait d'odieux? Non seulement Louis XVI abolit les tortures, mais il ferma *ces cachots infects* que les révolutionnaires et les hommes à *idées libérales* devaient seuls rouvrir.

« Ces souffrances inconnues, disait cet excellent Roi, et ces peines obscures, du moment qu'elles ne contribuent point au maintien de l'ordre par la publicité et par l'exemple, deviennent inutiles à notre justice. »

« Louis XVI n'a-t-il pas, dès son avènement au « trône, remis le droit de joyeux avènement (*), réin-« tégré les cours souveraines, garanti la solidité de la « dette publique? N'avait-il pas rendu les hôpitaux et « les prisons plus salubres, assaini la ville de Paris elle-« même en débarrassant ses ponts et ses quais de masses « d'édifices qui gênaient la circulation de l'air? N'avait-il

(*) Qui se montait à 24,000,000. (Premier édit du conseil de Louis XVI.)

Mais avec quelle rapidité j'ai vu ces illusions s'évanouir et l'astre radieux

---

« pas adouci la rigueur de la corvée pour les chemins, « aboli le droit de main-morte dans les domaines, ac- « cordé aux non catholiques la jouissance de l'état civil, « amélioré l'existence politique des Juifs, supprimé le « droit d'aubaine sur les étrangers, abrogé l'usage de « cette question préparatoire qui, plus d'une fois, par la « violence des tortures, avait forcé l'innocent à se décla- « rer coupable ? N'avait-il pas, dans les diverses parties « de son royaume, formé pour le soulagement de la « classe indigente des ateliers de charité, établi dans « Paris une école publique et gratuite de boulangerie ; « restitué à l'agriculture des terrains noyés sous les eaux ; « ouvert des communications utiles ; opéré, par de su- « perbes canaux, la jonction des deux mers ; créé de nou- « veaux ports dans la Manche et la Méditerranée ; or- « donné, pour le bien de l'humanité, et tracé de sa main « le plan de voyage du marquis de la Pérouse ? N'avait- « il pas, durant le cours d'hivers rigoureux, visité lui- « même le pauvre dans son réduit, lui distribuant des « consolations et des secours ? N'avait-il pas créé ces « assemblées provinciales dont l'administration devait « concourir avec la sienne ; appelé dans le ministère et « dans ses conseils ceux que la voix publique désignait, « tels que MM. de Malesherbes, Turgot, les comtes de « Saint-Germain et de Vergennes, M. Necker lui- « même ? Et lorsque les circonstances lui firent croire « à la nécessité de plus grandes mesures, n'a-t-il pas « convoqué les notables, ensuite les états-généraux ?

de la liberté se coucher dans des nuages de sang ! M. Gorani n'avait que trop raison de dire, pendant les horreurs révolutionnaires : « Je connaissais les « grands, mais je ne connaissais pas les « petits. »

Cependant, monsieur, vous n'êtes pas de ceux qui nient que la liberté puisse faire le bonheur et la dignité du genre humain, parce qu'on a voulu l'établir dans de mauvais jours et qu'elle a eu de mauvais apôtres.

Lorsque Buonaparte se montra sur l'horison politique, je n'étais pas encore revenue de mon étonnement. Il fit ses premières armes sous les bannières de la liberté. Par quelles écla-

---

« Combien il est à regreter que ce Monarque n'ait pas « entrepris *de faire seul le bien de son peuple!* » (*Dernières années du règne de Louis XVI*, par M. Hue, 2e édit., p. 34, 35 et 36.)

Voilà ce que l'auteur anglais aurait dû rappeler, malgré son admiration pour la révolution française.

(*Note du traducteur.*)

tantes victoires n'en soutint-il pas la cause en Italie (1) ? Quelle modestie dans sa conduite, lorsqu'à son retour il fit dans Paris son entrée solennelle et fut reçu à l'audience publique du directoire ! Lorsqu'il traversa des rues inondées par la multitude, il semblait se cacher au fond de sa voiture et se dérober à des acclamations qui étaient bien, cette fois, les hommages volontaires du cœur, et tels qu'il n'a pu depuis, au plus haut degré de sa puissance, en acheter de semblables. Je l'ai vu refuser de se placer sur le fauteuil brillant qu'on avait préparé pour lui (2). Tout, dans ses manières, an-

(1) Ici l'auteur est en contradiction avec lui-même. Buonaparte, dans les clubs du midi, ne prêcha que la liberté révolutionnaire. En Italie, il se joua même des formes républicaines qu'il avait instituées, et préluda par des actes arbitraires, à son odieuse tyrannie.

(*Note du traducteur.*)

(2) On peut voir dans un journal de ce temps, l'*Ami des lois*, par Poultier, le secret de cette modestie supposée de Buonaparte. Le fauteuil qu'on lui avait destiné

nonçait que sa gloire même lui était importune.

Permettez-moi de faire observer, en passant, qu'on me l'avait présenté comme un enthousiaste admirateur d'Ossian. L'union, à une noble simplicité de caractère, à un généreux mépris des applaudissemens publics, d'une vénération raisonnée pour Ossian, combla mon enthousiasme à moi-même. J'étais loin de soupçonner alors qu'il n'estimait, dans ce poëte, que les descriptions de batailles, à peu près comme ce chirurgien qui ne vantait dans Ho-

était placé beaucoup au-dessous de celui des directeurs. Ce n'était pas ainsi qu'il avait coutume de figurer aux juntes des républiques *cispadane* et *transpadane*, où on lui réservait la place la plus éminente, en annonçant au procès-verbal sa présence dans les termes les plus pompeux : *Il conquistatore presente*. Buonaparte se sauva de cette humiliation par une humilité volontaire; il préféra se tenir debout, tête nue et mal abrité de l'ardeur du soleil par un tendelet de coutil aux trois couleurs. L'*Ami des lois*, comme je le disais, eut soin de relever cette particularité, et de venger par une diatribe l'injure faite au héros *italique*. (*Note du traduct.*)

mère que la justesse de ses descriptions anatomiques.

Les évènemens même du 18 brumaire, malgré le mystère qui les enveloppait, ne purent ébranler ma crédulité. Buonaparte avait dissous violemment la prétendue représentation nationale; mais c'était pour déjouer les complots des jacobins et prévenir le retour de la terreur. Lorsqu'on le nomma premier consul, je m'imaginai que la liberté allait enfin fleurir sous ses auspices, et que la France deviendrait grande et heureuse.

Toutes les circonstances concouraient à son élévation. La nation était fatiguée de ses expériences en politique, expériences si chèrement payées. Les abus cruels de la liberté, les horribles ravages du règne de la terreur étaient présens à tous les souvenirs. Les républicains, eux-mêmes, désespéraient de la république. La nation à qui ses remords reprochaient les malheurs de la race glorieuse de ses Rois, et qui ne pouvait compter sur l'impunité, ajouta à ses torts une nouvelle injustice : ce fut de croire que les Bourbons n'oublieraient jamais le passé.

Dans cet état des choses, dans ces dispositions de l'esprit public, Buonaparte prit possession du gouvernement. Il avait à remplir un rôle si noble, si merveilleux, qu'il me semblait difficile de croire qu'il pût rester au-dessous. Je lui supposais assez de bon goût et assez de morale pour penser qu'il s'écarterait des routes battues de l'ambition vulgaire, et qu'il chercherait ailleurs le prix de la gloire véritable.

Il corrigea bientôt ce défaut de discernement de la part de ceux qui avaient trop bien auguré de son génie et de sa vertu. Les rapides gradations vers le consulat à vie et vers l'usurpation de la pourpre impériale, détrompèrent les plus aveugles; et semblable au régicide Macbeth, il ne vit plus de concurrent entre le trôneet lui. Ses flatteurs purent lui dire :

Thou hast it now, king, Cawdor, Glamis, all.

« Tu la tiens maintenant (la couronne); ni le rói, ni Cawdor, « ni Glamis, ni aucun rival ne te la disputent. »

Ainsi finit ma confession. Je supprime donc l'intervalle de temps depuis le couronnement de Napoléon, par le pape PIE VII, dans l'église métropolitaine de Notre-Dame, jusqu'au 1er mars 1815, pour contempler le frêle esquif qui ramena Buonaparte dans le golfe Juan.

RELATION

DES ÉVÈNEMENS

QUI SE SONT PASSÉS EN FRANCE

DEPUIS LE 1er MARS JUSQU'AU 20 NOVEMBRE 1815.

CHAPITRE PREMIER.

Conjectures diverses sur les projets de Buonaparte. — Evènemens de Grenoble. — Occupation de Lyon. — Coup de main tenté par Lefebvre-Desnouettes et les frères Lallemand.

Ce fut avec surprise, mais avec peu d'inquiétude, que l'on apprit à Paris la nouvelle que Buonaparte avait débarqué, le 1er mars, dans la petite ville de Cannes, sur la côte de Provence, avec une poignée d'hommes attachés à sa fortune. On parlait de cette tentative, moins parce qu'on en concevait des alarmes, que pour chercher à deviner le but que se proposait ce téméraire aventurier. On croyait généralement qu'il ne ferait que se montrer en France; que son véritable objet était de s'ouvrir, par le Piémont, un passage en Italie, et d'aller rejoindre son beau-frère Joachim, qui occupait encore le trône de Naples.

Il est vrai qu'on ne pouvait trop expliquer comment il était débarqué en Provence pour aller rejoindre Murat à Rome; mais comme d'autres motifs ne se présentaient pas plus clairement à l'esprit, cette intention lui était universellement supposée.

En même temps, Buonaparte s'empressa d'éclairer les habitans des provinces du midi, sur les vues qu'il se proposait. Il protesta que les mêmes motifs de philanthropie et d'amour de son pays qui l'avaient déterminé à renoncer à la pourpre impériale, lorsque les alliés étaient maîtres de Paris et de presque toute la France, dans l'espoir que la paix serait rendue à sa malheureuse patrie, l'avaient arraché de son exil, afin de relever son pays d'une humiliation honteuse et de lui rendre ses droits. Il promettait de rendre à la France les limites du Rhin, de garantir au peuple une constitution libérale et de redresser toutes les prétendues violations de la Charte constitutionnelle, si perfidement reprochées au gouvernement royal.

Cette tendresse paternelle de Buonaparte pour son bon peuple, son empressement à soulager les souffrances qu'il avait endurées sous les Bourbons, firent sourire de pitié les Parisiens. Mais il y eut des personnes qui sentirent réveiller leur passion pour la gloire, à cette promesse de reculer les frontières jusqu'au Rhin, et de chasser les Prussiens des contrées qu'ils venaient d'envahir. Cependant, la presque universalité de la France, qui avait si long-temps gémi sous le sceptre de Napoléon et avait béni sa délivrance, voyait toujours dans cet homme l'ennemi de tout repos public et particulier. On se flattait que cette tentative désespérée n'aurait d'autre résultat que de lui faire subir le châtiment dû à ses crimes, car on ne pouvait guère douter qu'il ne fût bientôt pris mort ou vif.

Tandis que les membres du gouvernement encourageaient dans le public cette confiance, ils ne se dissimulaient pas qu'ils n'avaient point affaire à un perturbateur ordinaire. On jugea qu'il n'y avait pas de temps à perdre pour réunir toutes les autorités civiles et militaires. Une ordonnance du 7 mars convoqua la chambre des pairs et celle des députés, qui avaient été prorogées à la dernière session jusqu'au 1er mai. Le Roi, dans une proclamation énergique, déclara Napoléon Buonaparte traître et rebelle pour s'être introduit, à main armée, dans le département du Var. Il le mit hors la loi, enjoignit à tous les gouverneurs civils et militaires, même aux simples citoyens, de lui courir sus, et de le traduire devant un conseil de guerre, pour constater l'identité, et exécuter, à son égard, les lois pénales existantes.

La même peine fut prononcée contre tous les militaires ou autres personnes qui auraient accompagné ou suivi Buonaparte dans son invasion sur le territoire français, à moins qu'ils ne fissent leur soumission dans le terme de huit jours. La même proclamation déclarait comme ses complices et adhérens, tous administrateurs civils et militaires, les chefs et employés des administrations, les payeurs et receveurs des deniers publics, même les simples citoyens qui prêteraient directement ou indirectement aide et assistance à l'usurpateur.

Tandis que le gouvernement prenait ces dispositions, Buonaparte, qui s'était donné le titre modeste de lieutenant-général au nom de son fils (1), ne comptait que faiblement sur

(1) Il n'est pas permis de douter que Buonaparte, afin de mieux persuader le public de ses intelligences avec

les effets de sa proclamation, si elle n'était appuyée par un appareil plus imposant. Il trouva

---

la cour de Vienne, ne se soit présenté d'abord comme lieutenant-général de son fils.

Voici le texte de la proclamation qui fut dans le temps envoyée par la poste à plusieurs des principaux habitans de Paris.

Proclamation au peuple français.

« Français! on vous égare, votre Roi lui-même est trompé. Des factions criminelles sont tramées autour de vous : on machine votre ruine, votre asservissement.

« Quand j'abdiquai l'Empire à la face de toute l'Europe, il y a un an, je croyais faire votre bonheur : mon attente a été vaine.

« Le cri de la patrie déchirée dans son sein, et menacée au-dehors, s'est fait entendre jusqu'à moi. Je descends sur votre sol. Je ne viens pas pour forcer les cœurs, je viens pour les gagner. Les chances de la fortune m'ont appris à lire dans l'esprit des peuples. Je ne veux pas que le sang d'un seul homme soit versé. Tout est pardonné. Ne craignez point pour les Bourbons; leur personne demeure sacrée. Tout le bien qui a été fait sera respecté.

« Français! vous avez recouvré vos limites naturelles; unissez vos efforts aux miens : toute résistance serait inutile. Soutenez une cause qui devient la vôtre. Vous-mêmes vous serez les arbitres de vos lois.

« Suivez l'impulsion donnée à l'esprit public; nos institutions doivent suivre ses progrès. Votre bonheur

les habitans des côtes fort peu touchés de la liberté et de l'égalité qu'il leur annonçait, et

---

est dans vos mains; j'attends tout de votre sagesse, de votre raison, de votre amour pour la liberté.

Le lieutenant-général des armées de France,

NAPOLÉON.

L'exemplaire que j'ai sous les yeux était adressé à un des plus estimables imprimeurs de la capitale, et accompagné d'une lettre d'envoi fort curieuse, et portant pour unique signature la lettre initiale *E*, avec un paraphe. Elle est timbrée de la poste, 14 mars 1815. L'initiale *E* a sans doute été prise au hasard. Nous chercherions vainement parmi les partisans connus de Buonaparte, quelqu'un à qui il fût permis de l'imputer.

« MONSIEUR,

« Je suis chargé de vous prier d'imprimer mille exemplaires de la proclamation ci-jointe. Vous aurez la bonté d'en faire remettre, aussitôt après, 250 à la chambre des pairs et autant à celle des députés. Vous ferez distribuer le reste à votre gré, mais sur-tout aux officiers et sous-officiers de la garde nationale, afin d'éviter l'effusion de sang, et de faire connaître, le plutôt possible, les intentions pacifiques de celui qui vient rétablir notre gloire et notre honneur. Je compte, Monsieur, sur votre zèle et votre exactitude à remplir une demande qui vous attirera la reconnaissance du général en chef et celle de tous les bons citoyens. »

Je suis avec la plus haute considération,

Votre serviteur, E.

« *P. S.* Chaque exemplaire sera plié et cacheté en

peu confians dans ses promesses de recouvrer les départemens en-deçà du Rhin. Il se mit donc, à la tête de sa troupe d'environ six cents hommes, en marche vers Lyon, fidèle à son système favori d'aller toujours en avant.

La marche de Buonaparte sur Lyon, sans cavalerie, sans artillerie, sans matériel d'aucune espèce, parut aux Parisiens une entreprise chimérique et impraticable. On commençait à s'étonner de ce que la nouvelle de sa défaite, annoncée dans quelques journaux, dans quelques lettres particulières, ne fût pas encore officiellement confirmée. Le gouvernement se contenta de faire connaître les proclamations du général Marchand, commandant de Grenoble et des magasins militaires qui s'y trouvaient. Ce général répondait de la sûreté du poste qui lui était confié et de la loyauté des troupes.

Cependant la garnison de Grenoble avait,

---

forme de lettre : il portera le nom du membre auquel il sera adressé. »

L'honnête imprimeur se hâta de faire connaître cette manœuvre à M. d'André, directeur de la police générale. Mais déjà Buonaparte avait changé de plan. Les proclamations où il reprenait le titre d'empereur étaient distribuées par milliers, et par les facteurs de la poste.

(*Note du traducteur.*)

sur la fidélité, d'autres idées que son chef. Buonaparte n'eut besoin que de se présenter aux portes; non seulement le dépôt, mais le général commandant furent livrés. Le 7e régiment de ligne, commandé par le colonel Labédoyère, était sorti des remparts et avait déjà rejoint Buonaparte sur la route entre Vizille et Grenoble (1).

Ainsi M. de Labédoyère est le premier

(1) Je ne conçois point comment la noble conduite de M. le maréchal-de-camp Devilliers, supérieur immédiat de Labédoyère, n'est pas mieux connue. Cet officier-général, qui avait sous ses ordres les 7e et 11e régimens, apprend tout à coup que le 7e s'est porté de son propre mouvement sur les remparts. Il court à pied, n'ayant pas le temps de faire seller son cheval. Arrivé hors de la ville, il met en réquisition le premier cheval, qu'il rencontre, rejoint Labédoyère, et emploie pour le ramener les moyens les plus persuasifs. Il lui parle de l'honneur, il lui parle de sa famille. Labédoyère est sourd à ces représentations; cependant il s'aperçoit que les soldats murmurent, que le général Devilliers court des périls, il le conjure de s'éloigner. Le général Devilliers revient à Grenoble, il rencontre une centaine de traînards qui avaient déjà arraché la cocarde blanche et proféré le cri odieux; il les harangue et les ramène. Forcé de céder à l'invasion de Buonaparte, il sort de la ville et se retire au fort Barrau avec le 11e régiment et une partie du 7e. (*N. du t.*)

officier qui se livra à l'usurpateur, et il devança, peut-être dans ses intentions même, la trahison de tous les autres.

Madame de Labédoyère, appartenant à une ancienne et honorable famille, fut tellement affectée de la défection de son mari, qu'elle prit dans ses bras son enfant nouveau né, abandonna la maison conjugale, chercha un refuge dans sa famille, et laissa son époux jouir seul de son coupable triomphe.

La division dans les familles n'est pas un des moins funestes effets des dissentions civiles. Les serpens de la discorde infectent de leur poison des cœurs jusques alors paisibles, et détruisent toute félicité domestique. Combien de parens, dans ce mois cruel, se sont voués réciproquement une haine implacable! On pouvait appliquer à l'usurpateur les reproches que Zopyre adresse à Mahomet :

> Pour toi de qui la main sème ici les forfaits
> Et fait naître le crime au milieu de la paix,
> Ton nom seul, parmi nous, divise les familles,
> Les époux, les parens, les mères et les filles....
> La discorde civile est par-tout sur ta trace.
> Assemblage inoui de mensonge et d'audace,
> Tyran de ton pays, est-ce ainsi qu'en ce lieu
> Tu viens donner la paix ? etc.
>
> VOLTAIRE.

Les aventuriers de l'île d'Elbe, après avoir

erré, comme une troupe de brigands, dans les montagnes du Var et des Basses-Alpes, présentèrent l'apparence d'une armée, par la réunion des troupes de Grenoble.

Le général Marchand, invité par Buonaparte à reprendre son commandement, répondit : qu'il l'avait servi avec fidélité pendant son règne, mais que, délié de ses sermens par son abdication, il ne reconnaissait d'autre gouvernement légitime que le gouvernement des Bourbons. Il présenta aussitôt son épée et se déclara prisonnier, assurant qu'il ne serait jamais un traître.

« Général, répondit Buonaparte, je sais « apprécier vos services ; je vous ai toujours « regardé comme un vrai soldat ; je vois votre « position et ne vous force point à agir contre « votre conscience. Reprenez votre épée, allez « à Paris, et dites à votre Roi que j'irai bientôt lui rendre visite aux Tuileries ; que j'aurai pour lui toute la considération qu'exigent « son rang et ses vertus. »

La défection de la garnison de Grenoble excita les alarmes du gouvernement, qui semblait se reposer sur la terreur inspirée par son ordonnance de mise hors la loi. S. A. R. *Monsieur*, frère du Roi, et le duc d'Orléans, accompagnés du maréchal Macdonald, se rendirent à Lyon, afin de mettre cette ville en état de défense (1).

Lyon avait une garnison de deux mille hommes de troupes régulières. Sa grande population semblait offrir tous les moyens désirables, au moins de retarder les progrès de l'ennemi ; mais on ne trouva, pour armer les habitans, que trois mille fusils (2), la plupart

(1) Monseigneur le duc de Berry devait partir pour Besançon avec le maréchal Ney ; ce voyage fut contremandé. Le maréchal Ney a dit, depuis le 20 mars, à plusieurs témoins qui en ont déposé dans l'instruction de son procès, que le duc de Berry avait été retenu dans la capitale par l'effet d'une trame odieuse. Les conspirateurs, cachés jusque dans le palais du Roi, craignaient l'ascendant de ce prince sur les troupes. (*N. du t.*)

(2) L'auteur a diminué de moitié les forces réelles de la ville de Lyon. La garnison consistait en quatre mille hommes de troupes de ligne, six mille gardes nationaux habillés, et douze à quinze mille non équipés. La garde nationale était passablement armée, et fort bien disposée pour le gouvernement, si l'on excepte une très-petite partie des officiers et de l'état-major.

Quant à l'artillerie, il n'y avait pour toute défense que deux mauvaises pièces de canon, à peu près hors de service, et qui avaient été abandonnées par les Autrichiens.

Les habitans des faubourgs, notamment de celui de

hors de service. D'un autre côté, l'esprit public y était assez équivoque, et les troupes ré-

---

la Guillotière, travaillés par des agens de Buonaparte, se prononçaient ouvertement pour l'usurpateur.

S. A. R. *Monsieur*, M. le duc d'Orléans et le maréchal Macdonald, aussitôt après leur arrivée dans cette ville, passèrent en revue la garnison et la garde nationale. On paya à la troupe la solde arriérée, et elle reçut, en outre, une gratification. Les officiers vétérans réitérèrent à S. A. R. des promesses de fidélité et de dévouement; les sous-officiers et soldats montrèrent un tout autre esprit. Quelques-uns d'entr'eux, en recevant leur gratification, ne rougissaient pas de dire : *Ce sera pour boire à la santé du* PETIT CAPORAL! Le silence que gardèrent les soldats, pendant que les chefs faisaient retentir sur toute la ligne les cris de *vive le Roi!* fut regardé comme le précurseur d'actes prochains d'insubordination.

La garde nationale montra pendant la revue de très-bons sentimens; mais de judicieux observateurs firent remarquer à M. le maréchal, que certains habitans notables avaient évité de s'y trouver. Cette lâche défection jeta le découragement parmi les autres.

On s'aperçut aussi que la ville regorgeait tout à coup d'officiers à la demi-solde, qui y étaient accourus immédiatement après la nouvelle du débarquement de Buonaparte; que ces militaires avaient des rapports intimes et fréquens avec des officiers suspects de la garde nationale.

Les artisans détournés de leurs occupations, soit

glées se prononçaient hautement en faveur de l'usurpateur. Lorsqu'il s'approcha de la ville,

---

par la curiosité, soit par l'argent qu'on leur distribuait, se portaient en foule sur la route de Grenoble.

Toutes ces considérations firent craindre au prince et à son conseil une révolte soudaine des troupes, et la défection ou tout au moins le découragement de la garde nationale.

On proposa d'éloigner les troupes de ligne, d'expulser les étrangers, et d'épurer les officiers de la garde urbaine; mais ces mesures furent jugées tardives et dangereuses.

On ferma les barrières, on fit sur les deux ponts du Rhône des préparatifs de défense absolument dérisoires, et qui ne pouvaient imposer aux militaires de profession.

Les proclamations royales placardées d'heure en heure, devinrent le prétexte d'attroupemens, qui se multiplièrent au point de devenir dangereux; et les efforts que l'on fit pour les dissiper, ne servirent qu'à augmenter le mal en irritant le mécontentement.

Pendant que le maréchal Macdonald tenait conseil avec des officiers-généraux, on leur annonce la jonction de la cavalerie de la garnison de Vienne aux troupes de Buonaparte, dont le nombre s'élevait déjà à plus de quinze mille.

Cet événement, et les dispositions hostiles des mauvais sujets du département de l'Isère, décidèrent le conseil à ne tenter aucune défense.

Les princes français quittèrent la ville, escortés de quelques gendarmes, et d'un des chefs de la garde

il fut reçu par les soldats et par le peuple aux cris de *vive l'empereur!* et entra, sans résistance, dans l'antique capitale des Gaules.

Les princes français firent leur retraite sur Clermont en Auvergne, et bientôt après revinrent à Paris (1).

---

nationale, qui sacrifia au devoir et à l'honneur tout intérêt personnel.

Le maréchal Macdonald ne partit qu'au moment où l'avant-garde ennemie débarrassait le pont du Rhône, afin de rétablir les communications. Un détachement de dragons lui servait d'escorte. Ils furent bientôt atteints par des éclaireurs du 4e régiment de hussards. La bonne contenance de l'officier qui commandait les dragons prévint l'effusion du sang, ou un acte plus déplorable encore de perfidie.

Buonaparte n'entra pas d'abord avec toutes ses forces dans l'ancienne capitale des Gaules. Entouré d'un corps d'officiers et de cavalerie, on ne le reconnut pas sur le champ : on croyait que c'était simplement une avant-garde. Les vociférations de ses partisans le décelèrent enfin, et il se montra au balcon de l'hôtel-de-ville; le lendemain, après avoir réuni toutes ses troupes, il les passa en revue, se regardant déjà comme le maître de tout le royaume. (*N. du t.*)

(1) *Voyez*, pour plus de détails, la *Conspiration de Buonaparte contre Louis XVIII*, etc., par M. Lamartelière; in-8°, 4e édition, page 99. Paris, J. G. Dentu. Nous y renverrons souvent nos lecteurs dans le cours de cet ouvrage. (*N. du t.*)

Buonaparte avait traversé la France depuis les côtes jusqu'au centre, sans résistance, et sans brûler une amorce. Entré à Lyon, il ne daigna plus se montrer avec l'humble caractère de lieutenant-général de son fils. Ne pouvant plus résister aux acclamations de l'armée, il rendit des décrets *impériaux* avec ce protocole, remarquable sur-tout par les trois *etc.* qui le terminent :

« Napoléon, par la grâce de Dieu et les Cons-
« titutions de l'Empire, Empereur des Fran-
« çais, etc., etc., etc.

Plusieurs changemens ayant été faits, en son absence, dans les administrations civiles et militaires, il commença par décréter que les changemens faits par le Roi dans les corps judiciaires, étaient nuls et non avenus, que tous les généraux et officiers (1) des armées de terre ou de mer, qui avaient autrefois émigré,

---

(1) L'usurpateur soumit à une revision générale les nominations de tous les officiers supérieurs et des chefs de bataillon, jusqu'au grade de capitaine exclusivement. Il voulut par-là se ménager la plus grande partie de l'armée alors existante, mais en même temps, il trompa les attentes d'une multitude d'officiers à la demi-solde. Il est même remarquable que ceux-ci, remis *à la solde entière*, n'en touchèrent pas un sou. (*N. du t.*)

seraient tenus de se retirer. Un autre décret supprima les ordres du saint Esprit, de saint Michel, de saint Louis et la décoration du Lis, et ne considéra comme légitimes que la cocarde et le drapeau tricolores. La maison du Roi fut licenciée. Il séquestra les biens et propriétés de toute nature, de la maison de Bourbon, abolit la noblesse et les droits féodaux, enfin, ordonna aux émigrés, rentrés avec le Roi, de sortir du territoire français, et prononça la dissolution de la chambre des pairs et de celle des députés.

Ces dispositions étaient nécessaires pour rallier autour de Buonaparte les partisans de son ancien gouvernement; mais il ne pouvait se dissimuler que si son retour pouvait être agréable à certaines gens qui s'y trouvaient intéressées, il était beaucoup d'autres classes dont il ne pourrait se concilier l'affection. Pendant son séjour à l'île d'Elbe, il avait pu connaître ce qu'on pensait de lui en France. Chaque vaisseau qui touchait les bords de son île, apportait une cargaison de pamphlets remplis des détails de tous ses crimes. Dans ces écrits, on le traduisait au tribunal des contemporains et de la postérité, comme pour consoler d'un long silence et d'une étonnante docilité, une nation dont rien n'est plus remarquable que le courage physique et la pusillanimité morale. Les auteurs de ces ouvrages n'avaient rien laissé à dire; plus d'une vérité terrible avait pu retentir jusqu'à son oreille. Le lion malade avait trouvé plus d'un agresseur, et l'on semblait avoir oublié cette maxime révolutionnaire : *Qu'il n'y a que les morts qui ne reviennent pas*. Le temps était passé où les philosophes, les gens de lettres et le clergé, lui-même, abusaient à la fois de l'histoire sacrée et profane, pour en faire les plus étranges et les plus grotesques applications.

Buonaparte, convaincu que sa baguette d'enchanteur était brisée, qu'on ne le regardait plus comme invincible, et que ses crimes étaient connus, eut recours à de nouveaux artifices. Il jugea nécessaire de descendre volontairement du faîte de son ancien pouvoir absolu, et de se déclarer le patron et le chef populaire d'un gouvernement libre. Il termina son décret, qui prononçait la dissolution du corps-législatif, par ordonner que les colléges électoraux des départemens de l'empire se réuniraient à Paris dans le cours du mois de juin, en assemblée extraordinaire du champ-de-mai, à l'effet de prendre des mesures pour corriger et modifier les constitutions, suivant l'intérêt et la volonté de la nation, et en même temps pour assister au couronnement de l'impératrice, sa chère et bien aimée épouse, et de son cher et bien aimé fils.

A la nouvelle de l'occupation de Lyon par Buonaparte et par son armée, que son nombre rendait désormais formidable, la consternation commença à s'emparer des Parisiens, en raison directe de l'incrédulité qu'ils avaient manifestée d'abord. Le même pouvoir magique qui avait conduit cet extraordinaire personnage au cœur de la France, ne semblait pas moins efficace pour l'amener à Paris. Toutefois, il n'y avait rien de surnaturel dans tous ces évènemens, ce n'était en quelque sorte qu'une fantasmagorie révolutionnaire.

On ne pouvait guère imaginer que Buonaparte se fût jeté, avec tant de précipitation, tant de témérité sur le midi de la France, avec une poignée de soldats, et qu'il se fût hasardé dans les mêmes lieux qu'il avait traversés quelques mois auparavant pour se rendre à son exil, au milieu des imprécations des habitans, et obligé de recourir à divers déguisemens pour sauver sa personne, à laquelle la présence des commissaires étrangers semblait offrir une protection peu assurée; on ne pouvait, dis-je, imaginer que Buonaparte se fût livré follement à une telle entreprise, s'il n'eût compté sur d'autres forces que celles qu'il avait amenées avec lui, et s'il n'eût eu d'autres moyens de succès que les ressources que lui offrait la souveraineté de l'île d'Elbe (1).

On soupçonna à Paris qu'il y avait eu quelque négligence répréhensible et inexplicable dans certaines branches de l'administration. On observa que non seulement le dépôt de Grenoble avait fourni à l'usurpateur tout le matériel, toutes les munitions qu'il pouvait désirer, sans compter l'empressement de la garnison à passer sous ses drapeaux, mais que Lyon avait été laissé sans défense et sans armes.

On ne pouvait concevoir non plus que la flotte de Toulon fût restée oisive dans le port, et qu'on n'eût pas même songé, ne fût-ce que pour exercer les matelots, à faire des croisières entre l'île d'Elbe et les côtes de Provence.

---

(1) Le *Nain Jaune*, mieux qualifié du nom de *Nain Rouge* ou de *l'île d'Elbe*, a, plus qu'aucun autre journal, servi la cause de l'usurpateur. Les misérables qui rédigeaient cet exécrable libelle sont connus, et depuis long-temps voués au mépris des vrais Français. (*N. du t.*)

Il est certain que la conspiration fut poursuivie pendant quelques mois avec plus de bonheur que d'adresse. La découverte d'une partie du complot fut due à des circonstances fortuites, ou, pour nous servir des expressions que prononça le 16 mars, à la tribune, le duc de Feltre, ministre de la guerre, elle fut due à une interposition miraculeuse de la Providence.

Le maréchal Mortier, duc de Trévise, qui commandait les troupes cantonnées dans le nord, avait quitté Paris pour retourner à son quartier-général à Lille. En prenant pour cela une route détournée, il rencontra un corps de troupes fort de dix mille hommes, en pleine marche sur Paris. Le maréchal, étonné, demanda aux généraux où ils allaient, et s'assura qu'ils avaient reçu ordre de se rendre à Paris, afin de tenir garnison dans la capitale, et de protéger le Roi contre les fureurs de la populace. En examinant les ordres, il les reconnut faux, et ordonna aux troupes de retourner sur le champ dans leurs quartiers.

La ville de La Fère, en Picardie, était un dépôt d'artillerie sous les ordres de monsieur d'Aboville. Le général Lefebvre-Desnouettes entra dans cette ville avec des troupes de la garnison de Cambrai, sous les ordres des frères Lallemand, et demanda des rations pour deux mille hommes. Le commandant de La Fère observa qu'il y avait quelque chose d'étonnant dans cette marche. Bientôt, s'étant assuré des dispositions perfides de ces généraux, il mit de bonne heure sa garnison en ordre de bataille, et répondit à l'invitation de se joindre à Buonaparte, par les cris de *vive le Roi!* Les troupes suivirent son exemple; les généraux rebelles ne trouvèrent leur salut que dans la fuite, mais furent bientôt arrêtés.

Ainsi le projet de Buonaparte n'était ni insensé ni mal concerté. Tandis qu'il s'avançait par marches rapides sur Lyon, où l'on avait eu le soin d'écarter de ses pas tous les obstacles, et tandis que la garnison de Grenoble lui servait d'escorte, ses partisans, dans le nord, marchaient au-devant de lui avec des armes et des troupes. La rencontre accidentelle d'un détachement considérable de l'armée du nord, par le maréchal Mortier, et la fermeté du général d'Abovílle à La Fère, déconcertèrent une partie du plan, mais en même temps convainquirent le gouvernement que la conspiration avait des ramifications plus loin que le sud de la France.

CHAPITRE II.

Dispositions de l'armée.— Défection de Ney.

La découverte d'un complot, avant qu'il soit consommé, le fait d'ordinaire échouer; mais la conspiration actuelle n'était pas de nature à manquer par un échec partiel. La marche triomphante de Buonaparte cessa d'être merveilleuse, lorsqu'il fut bien connu que l'armée lui était presque entièrement dévouée; que par-tout les militaires recevaient ses ordres avec empressement, et que son escorte, semblable à la boule de neige, ne cessait de grossir en avançant.

La partie la plus considérable de l'armée française, et particulièrement de la garde impériale, n'avait jamais partagé l'horreur de la nation par son chef coupable. Son nom et l'aigle impériale, quoique proscrits, restaient encore présens à leur souvenir. Les soldats s'attribuant une partie de la gloire militaire de l'usurpateur, se croyaient obligés de compatir à sa disgrace.

Tels étaient les sentimens des plus honnêtes

d'entr'eux ; mais d'autres étaient incapables d'aucune espèce d'élévation dans l'ame. De même que les Israélites, dans le désert, se rappelaient l'abondance dont ils avaient joui en Egypte, ils regrettaient les jours de délices qu'ils avaient passés en Allemagne, les actions de toute espèce qu'ils y avaient commises pour remplir les intervalles de leur carrière de gloire.

Une classe assez considérable de l'armée voyait dans l'exil de Buonaparte un terme à ses généreux ébats. Le retour de la paix et des Bourbons avait fait cesser des scènes de dévastation et de carnage.

Enfin, quelques militaires se plaisaient à croire qu'ils représentaient la nation ; qu'ils étaient le premier, peut-être le seul ordre de l'Etat. Ils regardaient le reste de la population comme des ilotes, et dans leur grossier langage, les qualifiaient de *péquins* (1). Les

(1) Je suis bien fâché, disait un ministre au maréchal L***, de ce que nous avons été obligés de nous mettre à table avant votre arrivée : on ne vous attendait plus. Je serais venu plutôt, dit le maréchal, mais j'ai été retenu par des péquins. Qu'est-ce que des péquins ? demanda la compagnie. Vous savez, répondit le maréchal, que nous appellons *péquins* tout ce qui n'est pas militaire. Oui, répliqua le ministre, de même

modernes Spartiates se voyaient désormais sans importance politique, et considéraient d'un œil jaloux la belle tenue de la garde nationale. Il n'était donc pas difficile aux agens de Buonaparte de leur promettre le renouvellement des anciennes saturnales.

Buonaparte connaissait très-bien les dispositions de l'armée. Les chefs les plus dévoués étaient les seuls initiés dans ses secrets. Il confia à leur discrétion le soin d'éveiller et d'entretenir, dans le cœur des soldats, l'espérance de nouveaux exploits, de nouveaux honneurs, de nouvelles dépouilles.

Avec de tels auxiliaires, il ne fallait pas un grand effort de courage à Buonaparte, pour entreprendre de ressaisir les rènes de l'Empire. Toutes les précautions nécessaires avaient été prises pour sa sûreté, depuis le lieu de son débarquement jusqu'à Lyon. Il est vrai que la garde nationale d'une petite ville qu'il traversa, avait offert au préfet de s'assurer de sa personne; mais le préfet répondit qu'il n'avait point reçu d'ordres, et refusa une proposition qui eût coupé le mal dans sa racine (1).

---

que nous autres appelons *militaire* tout ce qui n'est pas *civil*.

(1) L'auteur anglais aurait dû indiquer le nom de

La conspiration militaire avait des complices dans quelques autres classes d'habitans. Un parti qui, pendant un court espace de temps, n'avait pas régné moins despotiquement que Buonaparte, n'était pas encore détruit : c'était la faction des jacobins, non moins puissante autrefois, sous le règne du bonnet rouge, que Buonaparte avec sa couronne impériale. Il existait entr'eux une si grande affinité, qu'on avait dit de Napoléon : *C'est Robespierre à cheval.*

C'était à l'école des jacobins que Buonaparte avait puisé ses premières connaissances politiques. Les révolutionnaires le regardaient comme leur élève et leur protecteur. Une fois en possession du pouvoir, il adopta un système de fusion entre les deux partis, et employa ceux des chefs républicains qui avaient su échapper à l'échafaud. Cependant il était trop prudent pour ne point tenir ces factieux dans l'impuissance de lui nuire, tandis qu'il adoptait leur maxime favorite, que le secret de toute puissance est d'*oser* (1). L'exil de quel-

ce préfet. Comment ce misérable osa-t-il avancer qu'il n'avait pas d'ordres ? Ne connaissait-il pas l'ordonnance du Roi du 6 mars ? (*N. du t.*)

(1) Osez ! disait un des coryphées des jacobins, dans

ques-uns des chefs les plus turbulens avait réduit le reste au silence. Quoiqu'ils murmurassent de son injustice, ils craignaient et adoraient son pouvoir.

Cette classe était désormais trop obscure pour donner de l'ombrage à un gouvernement. A l'exception de quelques chefs, les vrais jacobins ne se trouvaient que dans la classe la plus pauvre. Cependant ils avaient été utiles en plusieurs occasions; et en révolution, aucune ressource n'est à dédaigner. Des subsides étaient nécessaires pour tirer de leur sommeil ces utiles alliés. Les fonds furent fournis par les parens et les amis de Buonaparte, et distribués avec profusion par leurs émissaires.

La tranquille possession de Lyon par Buonaparte, l'augmentation continuelle de son armée, par ceux qui désertaient la cause royale, excitèrent dans Paris les craintes les plus sérieuses. Le gouvernement assura qu'il avait été pris des mesures pour couper à l'ennemi la route de la capitale. Une armée formidable se formait à Melun-sur-Seine, à dix lieues de Paris; une autre à Montargis, à quelques heures de marche de Fontainebleau.

---

un rapport à la convention; osez! voilà tout le secret des révolutions.

On assurait que bientôt il serait placé entre deux feux, parce que le maréchal Ney était déjà arrivé à Lons-le-Saulnier avec douze à quinze mille hommes qui tomberaient sur ses derrières. Ce général, qui avait obtenu le titre de prince de la Moskowa, à cause de sa part glorieuse à la victoire remportée près de cette rivière, s'était rendu, dès le 7 mars, au château des Tuileries. Il avait montré le plus sincère dévouement, et promis d'amener Buonaparte dans une cage de fer. Le Roi avait répondu, avec autant de dignité que de douceur, que ce n'était pas là ce qu'il désirait, et qu'il recommandait seulement au maréchal de repousser l'ennemi. Le maréchal prit congé du Roi, en lui baisant la main avec effusion (1).

On n'avait pas encore cessé de compter sur la fidélité de l'armée. Les princes furent rassu-

(1) L'auteur ajoute que le maréchal emporta, en même temps, un million qui lui fut donné pour la solde des troupes. Ce bruit, qui a circulé en effet dans la société, a été démontré faux par le procès. Cependant il résulte de la déposition du préfet du département du Doubs, qu'à son arrivée à Besançon, le maréchal s'occupa de faire verser dans la caisse de l'armée tous les fonds qui se trouvaient dans les caisses publiques; mais on n'eut pas le temps d'exécuter cette mesure. (*N. du t.*)

rés, en apprenant que l'ennemi allait être attaqué en avant, sur ses flancs et sur ses derrières. Convaincus d'ailleurs de la loyauté de la garde nationale, ils virent avec plaisir partir les maréchaux, et sur-tout le prince de la Moskowa, dont le discours circulait de bouche en bouche.

Après avoir harangué le peuple de sa *bonne ville de Lyon* (1), Buonaparte se mit en route pour Paris. Il traversa Mâcon, Tonnerre et Auxerre, où il fut joint par le maréchal Ney, dont toute la division avait, par ses ordres, arboré l'étendard tricolore. Une partie de cette division était bien disposée pour le Roi, et les troupes auraient probablement fait leur devoir, si on ne les eût forcées à trahir leurs sermens (2).

(1) Il a paru, il y a peu de temps, un ouvrage très-piquant, *Buonaparte*, ou *l'abus de l'abdication*, pièce historico-héroïco-romantico-bouffonne, en cinq actes, dont le premier se passe à l'*île d'Elbe*, le second à *Lyon*, le troisième à *Paris*, le quatrième à *Waterloo*, enfin le cinquième à *Paris*, in-8° 1815, J. G. Dentu. L'acte qui se passe à Lyon est très-curieux. (*N du t.*)

(2) Des témoins ont déposé que le 14 mars, au moment où la maréchal Ney donna publiquement lecture de la fatale proclamation, tandis que des soldats de l'aile gauche, où il se trouvait, criaient *vive l'Empe-*

Déjà le maréchal Ney avait publié à Lons-le-Saulnier une proclamation dont voici les principaux passages :

« Officiers et soldats,

« La cause des Bourbons est à jamais per-« due ! La dynastie légitime, que la nation « française a adoptée, va remonter sur le trône. « C'est à l'empereur Napoléon, notre souve-« rain, qu'il appartient de régner sur notre « beau pays, etc.

« Soldats, je vous ai souvent menés à la vic-« toire ; maintenant, je vais vous conduire à « cette phalange immortelle que l'empereur « Napoléon conduit à Paris, et qui y sera sous « peu de jours ; et là notre espérance et notre « bonheur seront à jamais réalisés. *Vive l'em-« pereur !* »

Le maréchal d'Empire,
Signé prince de la Moskowa.

Tels ont été les vicissitudes de l'opinion et les changemens des opinions politiques pendant les différentes phases de la révolution, qu'une éternelle ignominie s'attache au nom et

---

reur! les troupes de l'aile droite, ignorant ce qui se passait, criaient avec enthousiasme *vive le Roi!*

(*N. du t.*)

à la conduite de certains acteurs de ce drame déplorable. Il faut, en tête de cette liste funeste, inscrire le nom du prince de la Moskowa. Le Roi avait été obligé moins de stimuler que de ralentir l'ardeur d'un homme qui, peu de jours après, devait le trahir si indignement (1).

(1) Il n'est point résulté des débats la preuve du fait allégué par le maréchal Ney, que la proclamation lui avait été envoyée toute rédigée par Bertrand, ce nouvel Achate de Buonaparte, celui qui avait remplacé Duroc dans son intimité. Cependant la preuve de cette rédaction, qui ne rend pas le maréchal moins coupable, résulte de plusieurs circonstances. La pièce n'est pas revêtue de la signature ordinaire : *Le maréchal Ney, prince de la Moskowa*, mais seulement de ce dernier titre. Le maréchal Ney, dans l'instruction devant le conseil de guerre, a révélé, à cet égard, une insigne imposture. Il ne fut point non plus l'auteur du rapport prétendu officiel que l'on opposa, dans le Moniteur, au bulletin du prince Kutusoff, sur le combat de Smolensk. Buonaparte fit forger de prétendus rapports du prince Eugène et du maréchal Ney, et leur dit ensuite, en leur montrant le Moniteur : *Voyez comme je vous ai fait faire de l'esprit!*

Lorsque je publiai, il y a dix-huit mois, l'*Histoire des Campagnes* de 1812, 1813 et 1814, j'avais un pressentiment de ce fait. J'ai dit dans ma préface, que les contradictions entre le prince Kutusoff et le maréchal Ney étaient inexplicables. Aujourd'hui elles sont très-faciles à concevoir. (*N. du t.*)

Lorsque la nouvelle de cette fatale défection arriva à Paris, l'alarme et le désespoir s'emparèrent des esprits, et l'on regarda tout comme perdu.

Napoléon entra dans Fontainebleau le 20 Mars à quatre heures du matin. Là, il apprit, par un message de Lavalette (1), que les Bour-

---

(1) On ignore pourquoi le condamné Chamans porte le nom de *Lavalette*. Des personnes bien informées, assurent qu'il fut enfant-de-chœur à Saint-Paul; que son père tint un café dans le même quartier; que le condamné fut *marchand d'eau-de-vie, rue Michel-le-Comte*. Dans l'historique qui précède le procès de Chamans, on trouve, en effet, une lacune qui explique aisément le silence que l'historien a *voulu* garder. Ce qu'on ne conçoit pas, c'est que Marie Chamans, dit *Lavalette*, qui avait, lors de son procès, une tâche assez difficile dans sa défense personnelle, ait aussi présenté l'apologie de madame Louis Buonaparte, que, par un *lapsus linguæ*, il qualifia de *princesse*.

Le retour de Napoléon, disait-il, bien loin d'être désiré par cette femme, l'avait glacée de terreur.

L'évènement démentait une assertion semblable; madame Hortense attendait impatiemment son beau-frère le 20 mars aux Tuileries. Elle se jeta à son cou lorsqu'il arriva. Le lendemain, et les jours suivans, elle se montra avec lui aux croisées.

Un jour, d'honnêtes rentiers qui discouraient près des quinconces et faisaient de beaux raisonnemens sur la politique *bien entendue* du cabinet autrichien, virent

bons avaient quitté la capitale. Cet homme superstitieux, et qui attachait beaucoup d'importance à certains anniversaires, regarda comme un évènement heureux de pouvoir rentrer dans Paris le jour anniversaire de la naissance *de son roi de Rome*. Il partit donc, sans délai, déterminé à faire le soir son entrée.

C'est ainsi que, dans l'espace de trois semaines, ce soldat audacieux transféra le siége de sa souveraineté, des rochers de l'île d'Elbe au palais des Tuileries. En le voyant remonter sur le trône de saint Louis, nous crûmes être abusés par nos sens. La rapidité de sa marche semblait un prodige dont l'histoire ne présente pas d'exemple. Cette entreprise paraissait n'offrir rien de pareil par son immensité et par le péril qui l'accompagnait. Un triomphe aussi pacifique était vanté par ses adhérens comme la preuve du consentement universel de la nation.

---

de loin une femme à côté de Napoléon. Persuadés que cette femme est l'archiduchesse Marie-Louise, dont on n'a pas annoncé l'arrivée pour faire une surprise plus agréable aux buonapartistes et aux troupes dont on venait de passer une revue, ils accourent sous les fenêtres. Convaincus de leur erreur, ils exhalent leur courroux en épithètes mal articulées, mais assez distinctes et très-peu honnêtes, dont je ne retracerai pas même les lettres initiales. (*N. du t.*)

Mais qu'on ne s'abuse point, il n'y avait rien de surprenant dans ce voyage de Cannes à Paris. Buonaparte marchait tranquillement, dans une calèche traînée par des chevaux de poste, qu'il trouvait préparés à tous les relais. Il ne fallait qu'un courage très-ordinaire pour s'avancer dans un pays où ses antagonistes étaient désarmés et incapables de résistance, et où tout ce qui avait des armes à la main l'accueillait avec transport. Mais si la marche triomphante de Napoléon, dans ses détails n'offre aucune merveille à l'imagination, elle donne au moins une leçon redoutable au genre humain. C'est une page à ajouter à tout ce qu'on a pu écrire sur le danger de l'influence des militaires. C'est une preuve qu'il n'y a point de liens plus puissans que ceux qui attachent le soldat à son chef (1).

(1) Cela peut être vrai pendant un certain temps ; mais de nouveaux chefs, de nouveaux exploits font promptement oublier les anciens généraux, les anciennes victoires. Les premiers soldats de la révolution adoraient Custines, ils l'ont laissé immoler; Dumourier, Pichegru, se sont effacés de leur souvenir. L'armée faillit s'insurger en faveur de Moreau, lors de sa mise en jugement. Condamné, elle l'oublia complètement; et sa présence au camp des alliés en 1813, ne produisit presque aucun effet. Beaucoup de personnes ne vou-

L'armée avait acquis sous Buonaparte ce déplorable ascendant qui lui faisait considérer ses conquêtes comme des propriétés légitimes. Une multitude de ces soldats, sans pitié pour les infortunes de leurs compatriotes, formant une classe à part, comme les janissaires en Orient, ou les bandes prétoriennes des Romains, ne rêvaient que triomphes et croyaient pouvoir disposer à leur gré des sceptres et des couronnes. Ils couvrirent de désolations leur pays natal, le sol qu'ils auraient dû défendre; enfin ils mirent la France sur le bord d'un abîme dont l'œil et l'imagination même craignent de sonder la profondeur.

---

laient pas croire alors qu'il eût été tué devant Dresde, parce qu'elles révoquaient en doute qu'il y fût même venu. (*N. du t.*)

CHAPITRE III.

Funeste journée du 20 mars. — Entrée nocturne de l'usurpateur. — Imposture de Buonaparte et de ses adhérens. — Situation de l'esprit public.

La matineé du 20 mars fut bien douloureuse pour les Parisiens. On savait que Louis XVIII avait quitté sa capitale à une heure après minuit, et les détails touchans de son départ remuaient toutes les ames (1).

La garde nationale de service aux Tuileries, fondit en larmes lorsqu'elle vit l'infortuné Monarque descendre lentement les dégrés de son palais. Comme il traversa les rangs, plusieurs grenadiers se jetèrent à genoux, pressèrent de leurs lèvres ses mains augustes, baisèrent même les pans de son habit, et le conjurèrent de ne point partir, assurant qu'ils étaient prêts à sacrifier leur vie pour sa défense.

Le Roi chercha à calmer leur émotion, en assurant qu'il serait bientôt de retour dans le

---

(1) *Voyez* le récit de ce fatal départ, dans la *Conspiration de Buonaparte contre Louis XVIII*, 5e édit., page 101. Paris, J. G. Dentu. (*N. du t.*)

palais de ses pères. Le comte d'Artois, profondément ému, confondait ses larmes avec celles de ces citoyens fidèles.

Pendant toute la journée de la veille, on avait été agité, tour à tour, par l'anxiété, la crainte et l'espérance; mais on avait acquis désormais une trop fatale certitude.

Le Roi était réduit à fuir devant un tyran abhorré. L'usurpateur était aux portes de la capitale. Le Roi défendit une résistance qui était inutile, et Paris se vit encore une fois destiné à subir un joug humiliant. La paix, le commerce, la sécurité individuelle, la fortune, les enfans, tout ce qui attache à la vie, tout ce qui en fait la joie et le prix allait être sacrifié à la cruelle ambition d'un monstre.

Dans la matinée du 20, on s'empressa de faire disparaître, d'une foule de boutiques, les emblêmes de la royauté (1). Les lis sans

---

(1) Cela ne fut pas exécuté par-tout. Les armes de France restèrent presque toute la journée intactes, notamment au Palais-Royal, où il y eut du désordre le soir, sous les galeries de bois. (Au même endroit où sont replacés les armes de la duchesse d'Angoulême.) Jusqu'à midi la justice fut rendue au palais, au nom du Roi. M. Séguier, premier président, tint l'audience solennelle de la cour royale, dans laquelle M. Herwin

tache disparurent, et l'aigle rapace vint encore effrayer par son apparition redoutée.

Dans l'après-midi, le boulevard du Nord, depuis les portes Saint-Denis et Saint-Martin, jusqu'au pont du Jardin-des-Plantes, se remplirent des fidèles alliés de Buonaparte, la lie du peuple des faubourgs. Que de figures hideuses se montrèrent, en cette occasion, à la lumière du jour, qu'elles fuyaient depuis longtemps! Grâces aux largesses qu'on lui avait distribuées, cette populace était ivre, et c'était bien à son profit que se faisait cette *joyeuse entrée*. Paris n'avait pas vu, depuis les temps exécrés de la terreur, des physionomies aussi effrayantes.

Il fallait toute la vigilance de la garde nationale, pour maintenir au moins l'apparence du bon ordre.

---

de Nevèle, pair de France, fit enregistrer des lettres-patentes, par lesquelles le Roi lui conférait le titre de comte. Un jeune licencié en droit prêta le serment d'avocat, en la forme ordinaire, c'est-à-dire jura fidélité aux lois et ordonnances du *royaume*, et promit de ne rien écrire ni plaider contre le *Roi*, etc.

A la cour de cassation, M. Brisson, l'un des présidens nommés par le Roi, s'acquitta également de ses fonctions, au nom de l'autorité légitime. (*N. du t.*)

Le jour allait finir, et Napoléon ne paraissait pas encore. Il savait quels étaient les hommes qui venaient à sa rencontre, et peu flatté des acclamations de tels adhérens, il différa son voyage jusqu'à la nuit. Pendant que la populace s'attroupait sur le chemin le plus direct, il suivit des rues par lesquelles on ne l'attendait pas, et arriva à neuf heures du soir au palais des Tuileries.

La nation fançaise passe pour inconstante; mais de tous les êtres qui la composent, il n'en est point de plus mobile qu'un journaliste. Un tel homme est sans cesse préparé pour les coups de théâtre, pour les changemens subits (1).

---

(1) On vit reparaître, comme censeur du *Journal de l'Empire*, M. Etienne, qui, quelques semaines après, reçut la croix d'honneur, et une action de 20,000 fr. sur le journal qu'il censurait.

M. Tissot ne reparut qu'un petit nombre de jours à la *Gazette de France*, et fit place à M. Jouy, lequel, *franc-parleur* sous le Roi, n'eut pas la gloire de l'être sous le tyran, devint *ermite de la Guyane*, et obtint la place de commissaire *impérial* au théâtre de l'Opéra-Comique, en remplacement de M. Campenon. La cause de ce déplacement est facile à saisir : M. Campenon était de l'*ordre de l'éteignoir!*

Le *Journal de Paris* était depuis quelques mois rédigé en chef par M. Jay, qui le quitta pour créer l'*In-*

Quel que soit le gouvernement *actuel*, il s'y soumet avec empressement, et sollicite avec bassesse la permission de devenir son esclave. Le 21 mars, les journaux de Paris, changeant

---

dépendant. Cette feuille devint l'égoût des plus plates invectives contre la famille royale. Le nom du nouveau rédacteur est *inconnu*.

Le *Journal Général*, placé successivement sous l'influence de MM. Tissot et Emmanuel Dupaty, eut cependant le bon esprit de secouer le joug, en remerciant les censeurs.

La *Quotidienne*, dont M. Henri Lacoste était le *censeur*, se refusa avec courage à l'insertion de quelques articles communiqués. M. Fouché, ministre de la police, fut obligé d'avouer qu'il avait le pouvoir d'empêcher des articles de paraître dans un journal, mais non d'en faire insérer de force.

Les autres journaux *ne valent pas l'honneur d'être nommés*.

Il s'établit plusieurs journaux, entr'autres l'*Indépendant*, que l'on a dit appartenir à M. *Fain*, un des secrétaires particuliers de Buonaparte. Ce journal a été supprimé lors du retour du Roi. Il a reparu d'abord sous le titre de l'*Echo du soir*, qui était le même titre que celui du *Patriote de* 89, par Méhée de la Touche, lorsque ce *patriote* fut supprimé. Quelque temps après il prit le titre de *Courrier*. Supprimé de nouveau, à cause de son mauvais esprit, il fit sa rentrée dans le monde, à l'abri du titre pompeux de *Constitutionnel*, nom qu'il porte encore aujourd'hui. (*N. du t.*)

tout à coup de ton et de style (1), annoncèrent en termes pompeux, que la veille l'empereur Napoléon avait fait son entrée *dans sa capitale.*

Il n'y eut point de véritable désordre, mais plutôt des mouvemens tumultueux dans les rues, où les soldats et les hommes de la dernière classe se paraient de bouquets de violettes.

Cette aimable fleur du printemps, symbole de la beauté timide et douce, la violette, précurseur de l'été, était devenue le signe de ralliement d'une faction sanguinaire. Les militaires initiés dans le secret du retour projeté de Buonaparte, lui avaient donné le sobriquet de *père*

---

(1) *Voyez* dans les notes d'un ouvrage intitulé *Les crimes de Buonaparte et de ses adhérens*, 3e édit. (1 vol. in-8°. Paris, J. G. Dentu.), pages 100, 101, 102 103 et suivantes, des observations très-piquantes sur la conduite et les écrits de certains journalistes. Les étrangers ne conçoivent rien à ces variations d'opinions; elles fournirent aux feuilles anglaises, au *Courrier*, au *Times*, au *Morning-Chronicle* lui-même, le texte de conjectures à perte de vue sur l'esprit public en France. Les Anglais ont d'autant plus de peine à s'expliquer ces contradictions, que chez eux l'esprit d'une gazette reste toujours le même : d'un autre côté, il faut convenir que chez eux la littérature ou la polémique des journaux, n'ont presque aucune influence : on ne daigne pas même s'informer du nom des journalistes. (*N. du t.*)

la violette (1). Ses partisans portaient des anneaux dont l'émail offrait cette couleur. Le nom de *la violette* était prononcé avec d'autres termes d'argot, et dérobé, comme cette fleur modeste, à l'observation des personnes indifférentes. Mais dans la matinée du 21 mars, la coupable et triomphante violette, devenue la fleur du crime, se montra à la boutonnière de tous les buonapartistes, ou à leur chapeau. On la porta avec la même ostentation qu'un ordre de chevalerie ou une cocarde (2). Après une telle profanation, combien de printemps ne faudra-t-il pas pour que la violette voie sa réputation réhabilitée, et pour qu'elle soit purifiée d'une semblable souillure (3) !

---

(1) *Voyez* dans l'article du *café Montansier*, par M. Jouy*, les détails de cette conspiration. M. Jouy est l'auteur de l'opéra de *Pélage;* et il a été admis à l'Institut sous le gouvernement royal. (*N. du t.*)

(2) Il faut dire que l'aigle n'a été porté en forme d'ordre que par un très-petit nombre d'officiers, beaucoup s'étant aperçus qu'ils devenaient l'objet de la risée publique. (*N. du t.*)

(3) Sa Majesté vient de la comprendre dans l'amnistie. (*N. du t.*)

* Gazette de France du 22 avril 1815.

Les Bourbons avaient mis toute leur politique à dissiper, autant que possible, ce dangereux enthousiasme que les soldats conservaient en faveur de leur ancien chef. Ces soins dictés non seulement par leur sûreté personnelle, mais par le salut du pays, ne servirent malheureusement qu'à aigrir les dispositions hostiles des mutins.

Le mécontentement bien connu de l'armée favorisait les plans de Buonaparte; et ce mécontentement était encore augmenté dans les différens corps, par les prédications continuelles d'émissaires perfides. Il régnait entre Paris et Porto-Ferrajo, une correspondance fort active (1), et ce qu'il y a de singulier, c'est que le gouvernement semblait ne pas s'en apercevoir.

A la revue qui eut lieu le lendemain de son arrivée, Napoléon, s'adressant à la troupe, dit qu'il avait débarqué à la tête de six cents hommes seulement, parce qu'il avait compté sur l'affection de son peuple et sur le souvenir de ses anciens soldats; qu'il ne s'était pas trompé, et qu'il les en remerciait; que cette

(1) Dans sa défense au conseil de guerre, le général Drouot a été obligé de convenir qu'il venait à l'île d'Elbe des colporteurs de caricatures et de pamphlets. (*N. du t.*)

nouvelle gloire qu'il venait d'acquérir, il en faisait hommage à eux et au peuple.

« Soldats, ajoutait Buonaparte, le trône im« périal peut seul garantir les droits du peu« ple, et sur-tout le premier des intérêts, « notre propre gloire. Nous allons marcher « pour chasser de notre territoire, ces prin« ces dont les étrangers avaient fait leurs « auxiliaires. La nation nous secondera de « ses vœux et suivra l'impulsion que nous « allons lui donner. Le peuple français et « moi nous comptons sur vous. Nous ne vou« lons pas nous mêler des affaires des autres « nations; mais malheur à celles qui se mêle« ront des nôtres ! »

Telle fut la première profession de foi de Buonaparte, à son arrivée aux Tuileries. Nul auditoire n'était mieux préparé à la recevoir, que des soldats toujours pressés d'aller en avant, et qui brûlaient de faire la guerre en pays étranger.

Quoique en possession du siége de l'empire, Buonaparte ne pouvait se dissimuler qu'il avait un formidable ennemi à combattre : l'opinion publique. Il ne pouvait faire croire long-temps au premier mensonge qu'il avait publié, à cette trève de vingt ans qu'il apportait, disait-il, dans sa poche; mais il ne balança pas à affirmer qu'il comptait positivement sur l'acquiescement de l'Europe entière à son entreprise. Ses partisans répandaient le bruit que l'Autriche allait lui envoyer l'impératrice et le jeune Napoléon (1); que c'était la meilleure

(1) La police de Buonaparte fit annoncer hautement, et même dans les journaux, que l'archiduc Charles accompagnait Marie-Louise jusqu'à la frontière, et que le maréchal Suchet la recevrait de ses mains.

On annonça aussi que des équipages étaient partis pour aller au-devant de l'impératrice, et que ses appartemens aux Tuileries étaient restaurés.

Des témoins dignes de foi rapportent que Buonaparte ne manquait pas d'accréditer, par ses propres assertions, la nouvelle mensongère de l'arrivée prochaine de l'archiduchesse Marie-Louise. Il disait sur la route aux fonctionnaires qui cherchaient à le sonder sur les dispositions des puissanees :

« L'impératrice et le roi de Rome sont partis pour « Paris; elle arrivera bientôt *avec les troupes que l'em-* « *pereur d'Autriche lui donne pour escorte.* »

« Nous avons cru, disait l'adjoint de Mâcon à Buonaparte, que votre majesté (qu'elle me passe le terme) était *folle* d'avoir débarqué avec onze cents hommes. » Vous ne savez donc pas, répondit le Corse, que je n'en avais que six cents, et que, si j'avais voulu, mon beau-père m'en aurait fourni 300 mille. (*N. du t.*)

preuve qu'elle n'avait pas vu cette expédition de mauvais œil. Il était pareillement clair, disaient-ils, que le commissaire anglais, à l'île d'Elbe, avait connivé par de fréquentes absences, à l'évasion de Buonaparte. La jalousie que causaient à l'Angleterre les progrès des manufactures françaises, et d'autres motifs de prévention nationale, détermineraient cette puissance à susciter des troubles en France, mais elle ne pourrait parvenir à former une seconde coalition. Les forces de la Russie étaient déjà au-delà de la Vistule; l'état de ses finances ne lui permettait pas de grands efforts, et d'ailleurs elle était trop occupée de ses affaires intérieures et de ses nouvelles acquisitions pour s'immiscer dans les intérêts de la France. Les princes d'Allemagne suivraient l'exemple de l'Autriche. En sorte que la seule puissance avec qui on aurait à lutter, serait la Prusse, et une telle guerre offrait peu de dangers.

On ne peut raisonnablement supposer que les ministres de Buonaparte, ou son conseil-d'état, fussent dupes de semblables raisonnemens, ou qu'ils ajoutassent foi à aucunes de de ses assertions sur les dispositions amicales des princes de l'Europe. Ils avaient depuis long-temps appris à connaître ses impostures. Ils ne pouvaient se cacher à eux-mêmes la fragilité des bases sur lesquelles il fondait tant d'espérances; enfin, ils devaient voir les calamités inévitables que sa témérité avait attirées sur lui-même et sur la patrie. Un de ses ministres, celui dont l'opinion avait le plus grand poids et sur Buonaparte et sur les Français de tous les partis, loin de lui farder la vérité, dans ses discussions, finissait toujours par lui dire : *Enfin, vous êtes un homme perdu.*

Tandis que l'on se débattait ainsi sur de simples probabilités au *divan* des Tuileries, les Souverains du Congrès ne restèrent pas oisifs. Une déclaration du 13 mars eut bientôt dissipé les illusions des insensés. On apprit que l'archiduchesse et son fils étaient strictement gardés à vue à Schœnbrunn (1).

---

(1) Les mêmes hommes qui soutiennent aujourd'hui qu'il n'y eut point de conspiration tramée avant le 20 mars, prétendaient, pendant les trois mois, que le complot avait des ramifications dans Vienne même; que le petit Napoléon, informé quinze jours d'avance de son prochain départ pour rejoindre son papa à Paris, avait gardé un secret imperturbable. On ajoutait qu'informé par son aïeul, l'empereur d'Autriche, du débarquement de Buonaparte, il avait feint de l'apprendre pour la première fois. (*N. du t.*)

Buonaparte ne pouvait point parer un tel coup. Il se vit, devant ses propres ministres, atteint et convaincu d'artifice et d'impostures. Non seulement il avait compromis la sûreté de l'armée et de la France, mais, ce qui intéressait encore plus ces messieurs, leur personne et leur fortune. Ses paroles n'étaient plus des oracles, ses courtes réparties n'imposaient plus silence. Il fut, pour la première fois, accablé par les regards menaçans de ses ministres; et lui, qui n'avait jamais écouté les conseils, fut obligé de demander humblement des avis.

D'un autre côté, le peuple de Paris frémissait des maux qui allaient fondre sur la France. Tous étaient également malheureux. Les royalistes pleuraient la chute de la monarchie. Les républicains n'avaient pas grande confiance dans les belles promesses de liberté et d'égalité, dans cette restauration des droits qui leur était annoncée par le grand homme : ils n'en avaient d'autre garantie que sa parole impériale.

Dans ce moment de calamité, il ne restait plus qu'un seul espoir de délivrance pour les Parisiens; c'était un espoir bien douloureux, celui de voir les puissances de l'Europe s'opposer de tous leurs efforts aux succès de l'usurpateur. Mais hélas ! à quel excès de maux était réduit ce malheureux pays, de désirer son salut des étrangers ! Les alliés déclaraient qu'ils se présentaient comme les amis de la France ; qu'ils ne feraient la guerre qu'au tyran. Mais un million d'alliés qui allaient envahir la France les armes à la main, avec un formidable cortége de baïonnettes, de canons, de bombes, d'obus, de fusées à la Congrève, présentaient une amitié au moins équivoque.

Le caractère des monarques généreux à qui appartenaient ces armées, pouvait, à la vérité, inspirer quelque sécurité. Leur conduite de l'année précédente avait été si humaine, si magnanime ! Ils avaient donné un exemple de générosité, qui désormais appartenait à l'histoire et semblait devoir devenir la règle des conquérans futurs, jaloux d'échapper aux malédictions du genre humain.

Mais comment pouvait-on espérer que les meilleures intentions fissent éviter tous les malheurs partiels ? Peut-on prescrire des limites au fléau de la guerre plus qu'aux ondes de l'Océan ? peut-on lui dire : *Non ibis amplius ?*

Toutefois, la société des salons de Paris se vengeait du nouveau gouvernement par des sarcasmes amers sur tout ce qui se passait. La bonne compagnie prédisait hautement et avec assurance la chute prochaine de l'usurpateur. Si Buonaparte comptait encore quelques partisans parmi les hommes, il en avait bien peu parmi les femmes.

Ce sexe, qui dans ce pays a une si forte influence sur tous les intérêts grands et petits de la société, s'était depuis long-temps déclaré contre Buonaparte. A l'exception de quelques femmes de la cour de Napoléon, cour toute militaire, et qui, par conséquent, aurait dû plutôt être appelée son camp; à l'exception, dis-je, de ces femmes et de celles de la plus basse classe, toutes les françaises étaient unanimement royalistes.

La sensibilité naturelle au sexe, suffisait pour lui faire exécrer un système de tyrannie et de sang; mais cette haine n'était pas fondée sur une opinion vague et générale. Les françaises avaient été les premières victimes de sa tyrannie. Elles avaient vu les plus douces impressions du cœur gênées, contrariées par sa politique.

En un mot, Buonaparte faisait des mariages sans consulter l'affection des époux, ni même l'assentiment libre des parens.

Les préfets avaient secrètement ordre de lui envoyer la liste de toutes les demoiselles riches de leurs départemens. Les parens recevaient alors, sous le nom d'invitation, l'ordre de consentir aux mariages de leurs filles avec des officiers en faveur, qui n'avaient d'autres biens que la *couronne de fer* ou le ruban de *la Légion d'honneur*. De tels mariages se faisaient journellement. Des négocians opulens et des banquiers, obligés de livrer ainsi leurs filles, se voyaient encore contraints à mettre leur caisse à la discrétion du gendre.

Du moins cette tyrannie était partielle; mais quelle était la femme à qui Buonaparte ne fît pas verser des larmes, comme mère, comme sœur, comme amante ou comme épouse?

La conscription, cette désolation des familles, décimait tous les six mois la jeunesse française. Les folles conquêtes de Buonaparte et ses retraites désastreuses occasionnaient ce qu'il appelait lui-même d'*épouvantables consommations d'hommes*.

Les femmes employaient toutes sortes de moyens mystiques, dictés par le cœur, pour exprimer leurs vœux et leurs pensées. On se donnait réciproquement des signes qui, semblables à ceux des francs-maçons, n'étaient connus que des adeptes. La couleur d'une fleur ou d'un ruban devenait une affaire d'État. Les parfums de la violette inspiraient le même dégoût que les exhalaisons mortelles du *Boom-upas* des Indiens. Non seulement le lis sacré, mais toutes les fleurs de la même couleur étaient défendues. Les dames parisiennes adoptèrent, avec affection, le bleu comme couleur royale et symbole de la constance.

Des chansons royalistes, écrites à la main, circulaient de tous côtés; et comme elles étaient toujours faites sur des airs bien connus, leur refrain était dans toutes les bouches. Ces chansons produisaient, dans la capitale, l'effet du choc électrique (1). Combien de jolies bouches répétèrent avec attendrissement ce refrain favori : *Il reviendra!* L'infortuné Champfort avait donc bien raison de dire que le gouvernement de la France était *une monarchie absolue, tempérée par des chansons*.

Mais ce n'était pas seulement dans les cercles du faubourg Saint-Germain, quartier le

(1) La plupart se trouvent, jointes à un grand nombre d'autres très-jolies, dans le *Chansonnier royal*, 2 vol. in-12. Paris, J. G. Dentu. (*N. du t.*)

plus royaliste de Paris, que les femmes se ralliaient autour du panache blanc des Bourbons. Les dames de la halle se montraient fidèles à la dynastie légitime.

Bien mal inspiré eût été le téméraire qui eût osé apostropher quelqu'une de ces femmes par l'épithète injurieuse de *dame de la violette*. Les femmes de la halle n'avaient point perdu la tradition de leurs anciens priviléges. Elles savaient qu'autrefois elles avaient le droit de se présenter à la Cour à certaines époques, et d'offrir des bouquets à leur Souverain. Elles se rappelaient sur-tout les temps prospères où l'on pouvait se procurer à bon marché le café et le sucre, où l'on pouvait boire à grands flots un breuvage vivifiant.

Les femmes de cette classe étaient aussi épouses et mères. Elles avaient des pertes ou des séparations cruelles à déplorer.

Les dames de la halle, qui discutaient sans façon les évènemens politiques d'un ton beaucoup trop injurieux pour que le gouvernement n'en prît point ombrage, reçurent avis que celles qui parleraient de politique perdraient leurs places au marché; car ces places dépendent de la police, qui, en ce pays, règle toutes les affaires; ses agens surveilllent avec une égale activité, tout ce qui se passe dans les salons dorés, comme sous les parapluies de toile cirée qui ombragent les marchés publics.

Les dames de la halle continuèrent cependant de faire éclater leurs sentimens, en répétant sans cesse une chanson dont le refrain, formé d'un calembourg, avait rapport à la retraite du Roi dans la Belgique. Cette chanson se terminait ainsi : *Rendez-nous notre paire de gants*, c'est-à-dire *notre père de Gand* (1).

(1) On avait cru que M. Alissan de Chazet était l'auteur de cette chanson ; mais il l'a désavouée par sa lettre en date du 16 juin 1815, et insérée dans les journaux. (*N. du t.*)

CHAPITRE IV.

Conversion de Buonaparte aux principes *libéraux*. — Déclaration du conseil d'état.

Buffon observe que le loup le plus féroce, pris dans un piége, devient aussitôt le plus poltron des animaux, et, dans son effroi, se laisse enchaîner sans résistance.

Telle était la situation de Buonaparte. Ses ministres disposaient de son sort en arbitres suprêmes. Dès ce moment, ils auraient pu sauver leur pays, s'ils n'avaient craint la lie du peuple et l'armée (1).

Cependant ils lui faisaient entendre qu'il fallait renoncer à ses anciennes idées; que les acclamations de la populace et des troupes n'étaient pas des preuves certaines de popularité; que la partie saine et la majorité de la nation française ne le voyait qu'avec des yeux d'horreur; que s'il voulait conserver sa puissance, il devait faire un prompt retour aux

(1) Quel bien, hélas! pouvait-on espérer d'hommes dont les noms se rattachaient aux époques les plus sanglantes des annales révolutionnaires ou *impériales!*
(*N. du t.*)

principes primitifs de la révolution française (1).

---

(1) Quelques jacobins invétérés n'auraient pas vu sans allégresse Buonaparte abdiquer la dignité impériale, pour prendre le titre plus modeste de dictateur.

Dans son voyage de Grenoble à Paris, Buonaparte montrait lui-même quelque hésitation sur l'étiquette qu'il devait prescrire.

Le maire de la *Croix-Rousse* balbutia sa harangue : il appela Buonaparte tantôt *général*, tantôt *monsieur*, tantôt *sire*. Le Corse prit fort bien cet embarras, et, pour encourager le maire, lui donna un léger soufflet sur la joue, et dit : « Appelez-moi *consul*, si vous voulez. »

Après l'audience, un des principaux magistrats de l'ordre judiciaire eut la bassesse d'embrasser avec effusion le timide harangueur, et de dire : Il faut que je baise mille fois cette joue bienheureuse que la main de *mon sauveur* a touchée.

Un notaire de Grenoble ne manqua pas, dès l'arrivée de Buonaparte dans cette ville, de prendre les trois *etc.* placés en tête de la proclamation, comme une simple économie d'espace. Il intitula tout au long les grosses de ses actes :

Napoléon, empereur des Français, roi d'Italie, protecteur de la confédération du Rhin et médiateur de la confédération suisse.

Il en fut vivement réprimandé. Ces titres, en effet, n'étaient-ils pas risibles dans les circonstances; et cer-

Les hommes qui professaient de tels principes étaient en aversion à Buonaparte. Ils s'étaient soumis comme les autres à ses ordres souverains ; mais ils nourrissaient en secret des opinions opposées à son gouvernement.

Buonaparte attribuait tout le mal à ces gens-là, qu'il qualifiait d'*idéologues*. C'était, disait-il, l'idéologie qui avait fait échouer ses projets contre la Russie ; et il n'avait pas craint de tenir ce langage au sénat, à son retour de cette fameuse expédition (1). Il n'avait cessé de faire la guerre à la philosophie moderne, pour laquelle il éprouvait une haine implacable, depuis qu'il n'avait plus besoin de son appui. Mais obligé de recourir à des conseillers qui étaient imbus d'une telle doctrine, il voulut bien capituler, et il reconnut la souveraineté

tains potentats de l'Asie, gouvernant un Etat d'une centaine de lieues carrées, n'ont-ils pas autant de raison de s'intituler empereur de l'univers, cousin du soleil et beau-frère de la lune ? (*N. du t.*)

(1) Ceci n'est pas tout à fait exact. Les déclamations violentes de Buonaparte contre les idéologues, avaient pour objet la conspiration de Malet ; et c'était sur-tout contre M. Frochot, alors préfet de la Seine et conseiller d'état, que ses déclamations étaient dirigées. (*N. du t.*)

du peuple, à condition que l'on reconnaîtrait sa souveraineté à lui-même.

Cette nouvelle profession de foi politique fut mise sous les yeux du peuple, dans le Moniteur du 28 mars, sous la forme d'un extrait des registres des délibérations du conseil-d'état.

Cette délibération, qui a la date du 25 mars, commence ainsi :

« Le conseil détat, en reprenant ses fonc-
« tions, croit devoir faire connaître les prin-
« cipes qui font la règle de ses opinions et de
« sa conduite. »

Ce préambule était jugé nécessaire pour apprendre, à tous ceux qu'il appartiendrait, que le conseil d'état avait des principes, et qu'il lui était libre d'agir conformément à ces mêmes principes : et c'était une sorte de garantie de la conduite à venir de Buonaparte (1).

---

(1) Il est bon de savoir que ce chef-d'œuvre était signé de MM. Defermont, Regnaud-de-Saint-Jean-d'Angely, Boulay, Andréossy, Daru, Thibaudeau, Maret, Pommereul, Najac, Jollivet, Berlier, Miot, Duchâtel, Dumas, Dulauloy, Pelet (de la Lozère), Français (de Nantes), de Lascazes, Costaz, Marchant, Jaubert, Lavalette, Réal, Gilbert des Voisins, Quinette, Merlin, Belleville, d'Alphonse, Félix, Meriet,

Voici maintenant de l'idéologie toute pure :

« La souveraineté réside dans le peuple. Il « est la seule source du pouvoir.

« En 1789, la nation reconquit ses droits « depuis long-temps usurpés ou méconnus. « L'assemblée nationale abolit la *monarchie* « *féodale*, et établit une monarchie constitu- « tionnelle.

Les auteurs de la délibération ajoutent ; « que le peuple ayant consacré deux fois par « ses votes la forme de constitution établie par « ses représentans, Buonaparte parut enfin sur « la scène.

« En l'an 8, déjà couronné par la victoire, « Buonaparte se trouva porté au gouverne- « ment par l'assentiment national. Une cons- « titution créa la magistrature consulaire. En « l'an 10, un sénatus-consulte le nomma con- « sul à vie. En l'an 12, un autre décret du sé- « nat lui conféra la dignité impériale, et la « rendit héréditaire dans sa famille.

« Ces trois actes solennels furent soumis « à l'acceptation du peuple, qui les consacra « par près de quatre millions de signatures. »

Charles Maillard, Gasson, de Laborde, Finot, Janet, de Préval, Fain, Champigny, C. D. Lacuée, Fréville, Pelet, de Bondy et Bruyère.

Ainsi finit l'historique de l'usurpation de Buonaparte. Le conseil d'état a soin de voiler, avec adresse, tout ce qu'elle a d'odieux. Ce n'était pas le moment d'avouer à la face de la nation qu'elle avait été dépouillée, à cette honteuse époque, de sa souveraineté ; que les prétendues acceptations, les prétendus votes du peuple n'étaient qu'un misérable charlatanisme, et que le règne de cet imposteur avait été marqué par tous les forfaits, toutes les bassesses, tous les excès de tyrannie qui puissent affliger et déshonorer un pays.

On ne disconvenait pas de ces vérités utiles, mais la situation des partis en rendait la divulgation importante.

Le prétendu conseil d'état se répand ensuite en reproches insolens contre les Bourbons.

« En 1814, disent les rédacteurs, la France « fut envahie par les armées ennemies et la ca- « pitale occupée. L'étranger créa un prétendu « gouvernement provisoire. Il assembla la mi- « norité des sénateurs et les força, contre leur « mission et contre leur volonté, à détruire les « constitutions existantes, à renverser le trône « impérial, et à rappeler la famille des Bour- « bons.

« Le sénat, qui n'avait été institué que pour « conserver les constitutions de l'empire, re- « connut lui-même qu'il n'avait point le pou- « voir de les changer. Il décréta que le pro- « jet de constitution qu'il avait préparé serait « soumis à l'acceptation du peuple, et que « *Louis-Stanislas-Xavier* serait proclamé « Roi des Français, aussitôt qu'il aurait ac- « cepté la constitution et juré de l'observer et « de la faire observer. »

C'était toucher la corde délicate ; cependant on ne pouvait omettre un fait aussi essentiel.

« L'abdication de l'empereur Napoléon, con- « tinuent messieurs les conseillers, ne fut que « le résultat de la situation malheureuse où la « France et l'empire avaient été réduits par « les évènemens de la guerre, par les trahi- « sons et par l'occupation de la capitale. L'ab- « dication n'eut pour objet que d'éviter la guerre « civile et l'effusion du sang français.

« Non consacré par le vœu du peuple, cet « acte ne pouvait détruire le contrat solennel « qui s'était formé entre lui et l'empereur. »

Je ne sais si des casuistes un peu conscien cieux s'accommoderaient d'une pareille mani èr de raisonner ; au surplus, on glissait avec beaucoup d'adresse sur les désastres qui avaient amené un tel changement et l'avaient rendu nécessaire. On hésita d'abord, dans le conseil, si l'on pourrait parler sérieusement de la répugnance de Napoléon à verser le sang, de ce contrat solennel qui s'était formé entre lui et le peuple, enfin de la nécessité de consulter ce même peuple, pour rendre son abdication valable. Mais, tout considéré, on calcula qu'il n'y avait pas plus de mal à se moquer de la nation, qu'à l'avoir réduite par la force ; et on laissa subsister toutes ces rodomontades.

Ces reptiles politiques me rappellent naturellement cette réflexion du célèbre Mirabeau : « J'ai un dégoût de l'histoire, quand je pense « que ce que nous faisons aujourd'hui sera un « jour de l'histoire. »

« L'empereur, disent plus loin les conseil- « lers, en remontant sur le trône, où le peuple « l'avait élevé, rétablit donc le peuple dans ses « droits les plus sacrés... Il est appelé à garan- « tir de nouveau, par les institutions (et il en « a pris l'engagement dans ses proclamations à « la nation et à l'armée), tous les principes li- « béraux, la liberté individuelle et l'égalité

« des droits, *la liberté de la presse et l'abo-*
« *lition de la censure* (1), etc.

(1) Cette abolition de la censure existait, jusqu'à un certain point, pour les ouvrages; mais elle n'existait nullement pour les journaux, quoiqu'elle eût été solennellement promise. Il faut convenir qu'une entière et absolue liberté de la presse serait impraticable, et ne tarderait pas à dégénérer en licence; mais du moins, ne promettez pas ce que vous n'avez ni le pouvoir, ni la volonté de tenir.

Quelle fut la surprise des gens sensés, après avoir lu le beau décret impérial qui *supprimait la direction de la librairie* et les censeurs (non pas la *censure*), de voir le lendemain, dans le bulletin des lois, que la direction de la librairie, et par conséquent la *censure*, étaient réunies au ministère de la police!

Toute la différence était que l'on censurait, non le manuscrit, mais l'ouvrage imprimé. L'auteur et le libraire n'en étaient pas quittes pour la perte des frais d'impression, ils étaient jetés dans les prisons, et retenus, sans formalités judiciaires, sans jugement, au mépris de l'*Acte additionnel* décrété, pour ainsi dire, la veille.

Lorsque le courageux Kergorlay fit succéder à son célèbre *vote négatif*, un écrit non moins remarquable sous ce titre, *des lois existantes et du décret du* 9 mai 1815, l'imprimeur, M. Dentu, s'était mis parfaitement en règle : il avait fait sa déclaration à la direction de la librairie d'abord *supprimée*, et *réunie* immédiatement au ministère de la police *; la publication en avait

* L'imprimerie et la librairie font encore partie de la police.

« Mais, ajoutent-ils, pour mieux consacrer « les droits et les obligations du peuple et du « monarque, les institutions nationales doivent « être revues dans une grande assemblée des « représentans, déjà annoncée par l'empe- « reur. »

Le conseil termine cet amas d'absurdités, en déclarant que, « jusqu'à la réunion de cette « grande assemblée représentative, l'empereur « doit exercer et faire exercer son pouvoir con- « formément aux constitutions et aux lois exis- « tantes. »

Pour donner plus de poids à cette déclaration, elle fut signée individuellement de tous

---

été tolérée ; l'ouvrage paraissait, suivant la loi, avec les noms d'auteur et d'imprimeur. Cependant ce dernier, à qui, sous aucun prétexte, on ne pouvait adresser aucun reproche, fut arrêté, le lundi 29 mai, jour qu'il était de service, et vêtu en garde national ; traduit à la préfecture, il fut mis au cachot pendant neuf jours, conduit ensuite à la Force, où il resta trois semaines, et où il eut du moins la consolation d'avoir pour compagnon d'infortune, son ami le jeune Lenormant, qui devait figurer peu de jours après à la cour d'assises, parce qu'on croyait avoir assez de preuves pour le condamner. Ce jeune homme fut absous la veille même de l'abdication du despote, et la captivité de M. Dentu fut prolongée. (*N. du t.*)

les membres du conseil, qui semblaient par-là se rendre cautions de la bonne conduite de Buonaparte, jusqu'à l'assemblée du champ-de-mai. Cette assemblée devait se composer de plusieurs milliers de personnes, c'est-à-dire de tous les électeurs des départemens et des arrondissemens, représentans immédiats du peuple, choisis dans les assemblées du peuple, et dont le suffrage était considéré comme celui de la nation (1).

Quelque crédulité que l'on suppose à la nation française, aucun parti ne fut dupe ni des

(1) Les colléges électoraux n'ayant reçu aucun pouvoir analogue à celui qu'on leur a fait exercer, il est évident que, dans toutes les hypothèses possibles, ce qu'ils ont pu faire est de toute nullité. On sait d'ailleurs comment s'étaient formés ces colléges électoraux. La qualité d'électeur, disait dernièrement à la tribune législative M. le comte de Vaublanc, ministre de l'intérieur, était presque devenue un titre *inamovible*. Au surplus, il est remarquable que les électeurs choisis sous l'influence de Buonaparte et de ses affidés, nommés présidens et scrutateurs des assemblées primaires, refusèrent, pour la plupart, de nommer les représentans de Buonaparte. Les colléges se trouvèrent par-tout en minorité, et par conséquent les choix furent radicalement nuls. (*N. du t.*)

belles protestations du conseil, ni de la prétendue conversion du chef ; des bienfaits même ne pouvaient être acceptés de sa main qu'avec défiance. La grande masse des citoyens ne croyait pas à la possibilité d'une réforme ; elle ne voyait qu'un affreux esclavage dans le pacte récemment conclu entre la faction des jacobins et la faction impériale.

Les actes du conseil d'état, qui avaient eu pour but de faire renaître l'esprit de la révolution, n'obtinrent aucun effet. On était trop bien éclairé par l'exemple du passé. Quant aux accusations contre les Bourbons, elles ne pouvaient tromper personne.

Les ames honnêtes et pures ne pouvaient faire un crime à la famille royale de France d'avoir conservé quelque prédilection pour les personnes qui s'étaient attachées à ses destinées, et avaient partagé ses malheurs.

Cependant, on ne saurait s'imaginer combien était faible le nombre de ces modèles de fidélité. La plus grande partie des émigrés avait précédé en France le retour du Roi et accepté l'amnistie de Buonaparte. Il avait condamné aux emplois de chambellans, ou attaché d'une autre manière à son service, les membres les plus illustres de la noblesse.

On reprochait au Roi, ou plutôt à ses ministres, de prétendues infractions à la Charte; par exemple, d'avoir restreint la liberté de la presse, après l'avoir promise; mais il fallait d'autres griefs pour alarmer le peuple, que ces discussions abstraites auraient fort peu touché. On chercha donc à lui donner des inquiétudes sur la tranquille possession des biens nationaux et sur le rétablissement des dîmes. Les partisans de Buonaparte avaient propagé toutes ces calomnies avec une astuce inconcevable et un succès plus étonnant encore. Plus de la moitié de la France se trouvait intéressée au maintien des propriétés dites nationales, à cause des nombreuses mutations qui s'en étaient faites depuis l'aliénation première. Ceux qui avaient le plus de risques à courir étaient les paysans, qui avaient acheté par petits lots les biens ecclésiastiques.

Des prêtres eurent, dit-on, l'imprudence de donner quelque fondement à ces reproches, en prêchant, en chaire, l'obligation de payer les dîmes; mais nul ne fut contraint à les acquitter. C'était malheureusement assez de la crainte; elle produisit le même effet que la réalité, et ne contribua pas peu à détacher une partie de la basse classe du peuple de la cause de ses Rois (1).

---

(1) Une autre calomnie qui eut beaucoup d'effet sur les troupes, consista à reprocher aux Bourbons d'avoir proscrit la cocarde tricolore et les couleurs *nationales*, par haine pour la gloire de l'armée.

J'ai déjà eu occasion dans un écrit * dont la première édition parut le 13 juillet, peu de jours après l'entrée du Roi, de démontrer que Buonaparte avait laissé lui-même tomber en désuétude les signes tricolores; qu'il avait été question de son temps de changer l'uniforme de l'armée, de lui rendre l'ancien habit blanc, et qu'on n'y avait renoncé que par des motifs d'économie.

Je disais (page 20 de la 2ᵉ édition) : « Il est vrai que les Bourbons se sont montrés jaloux de remettre en honneur le panache blanc, cette couleur sans tache qu'ils n'ont jamais quittée un instant, et qui, arborée spontanément à Bordeaux, à Paris, a servi de signal à la délivrance de la France entière.

« Mais ne faut-il pas dire aussi que cette cocarde nationale s'était insensiblement métamorphosée en *cocarde blanche* sous l'empire de Buonaparte, sans qu'aucune voix s'élevât contre ce scandale?

« Personne ne peut nier qu'avant le 30 mars 1814, la cocarde qui décorait le chapeau des officiers était tellement disposée, que l'on n'y voyait aucune apparence de rouge ou de bleu.

« Le centre de la cocarde était, à la vérité, formé des trois couleurs, mais caché par la ganse, et l'on

* *Trois mois de Napoléon. — Examen de la conduite de la Chambre des députés et du budget*, etc.

Quelle que fût la divergence des opinions sur la meilleure forme de gouvernement, il y avait une parfaite unanimité de sentimens touchant la personne du chef. On n'était point dupe de l'air pénitent et contrit de Buonaparte. On se le représentait souriant de mépris à la vue des travaux de tous les faiseurs de constitutions, encourageant leurs rêveries, jusqu'à ce qu'il se vît en possession paisible de son trône ; et alors, comme un autre Samson, à qui ils n'auraient point coupé sa terrible chevelure, secouant tout d'un coup les chaînes de la souveraineté du peuple, des lois constitutionnelles, de l'égalité des droits, saisissant son aigle menaçante, ralliant ses troupes autour de lui, et, peut-être, envoyant ses dignes conseillers exploiter les mines de fer de l'île d'Elbe.

---

ne voyait paraître que le large bord extérieur, qui était d'une blancheur éblouissante....

« Dans les cocardes d'officiers, la partie blanche était d'ordinaire un tissu d'argent : raison de plus pour cacher le bleu et le rouge, qui ne pouvaient être qu'en laine. »

C'est ainsi que, dans l'intervalle de mars à juillet 1815, les officiers dévoués au Roi se faisaient reconnaître. Le *Nain Jaune* en fut tellement courroucé, qu'il fit un très-long article à ce sujet. (*N. du t.*)

CHAPITRE V.

Evènemens dans le midi. — Madame la duchesse d'Angoulême à Bordeaux.

Sa majesté impériale ayant fraternisé toute une semaine avec *sa majesté la canaille de Paris*, commença à être choquée de l'extrême familiarité de ses nouvelles connaissances.

Jusqu'alors Buonaparte n'avait entendu de vociférations aussi frénétiques que de la part de ses soldats; les gens du peuple, eux-mêmes, daignaient à peine se découvrir sur son passage. Les criailleries de la multitude l'importunaient plus qu'elles ne le flattaient. A certaines heures du jour, qui étaient toujours celles de l'interruption des travaux, la plus vile populace s'assemblait dans les Tuileries, sous les fenêtres du château, et criait *vive l'empereur!* jusqu'à ce que Napoléon parût (1). Napoléon

(1) Cette apparition n'avait pas toujours lieu à la fenêtre; mais le plus souvent, de peur qu'un faux frère ne se glissât dans la foule, Napoléon se montrait à travers un simple *vasistas*. Ce mot, corrompu de l'idiome allemand, devrait s'écrire *was ist da*, et signifie : *Qui est là?* (*N. du t.*)

obéissait docilement; mais fatigué de ces démonstrations de fraternité, et voyant trop bien, à l'aide de sa lorgnette, ses adulateurs déguenillés, il témoigna son dégoût de l'impudence de la canaille.

Les théâtres avaient toujours été, pendant la révolution, un moyen de soutenir ou d'exciter l'esprit public. Des pièces de circonstance, et des applaudissemens habilement ménagés, produisaient un effet merveilleux (1).

Cependant on ne voulut pas, en une telle occurrence, courir le risque de cet expédient. Une indiscrète opposition ou un silence glacial pouvait tout détruire. D'ailleurs, en moins de quinze jours, l'enthousiasme des

---

(1) La plus vile canaille, et les hommes en place, voilà les deux classes parmi lesquelles Buonaparte obtint de sincères hommages.

Un pacte s'était tacitement établi entre les *criards* et ceux qui étaient chargés de les salarier. Les premiers mettaient les mains derrière le dos, et bientôt un homme de la police y glissait une pièce de cent sous. De là sont résultées des bévues assez plaisantes. Des spectateurs *indifférens*, qui n'étaient là que pour voir le Corse, comme un animal curieux sur le point de voyager hors de Paris, prenaient-ils, par hasard, sans avoir crié, l'attitude dont nous venons de parler, ils recevaient aussitôt le salaire destiné à la canaille. (*N. du t.*)

soldats et celui du peuple s'évanouirent entièrement (1).

---

(1) A peine l'usurpateur, échappé de l'île d'Elbe, fut-il arrivé au château des Tuileries, que les autorités civiles et militaires rivalisèrent de flagorneries et de bassesses pour le complimenter; le clergé seul garda le silence. Il était à craindre que l'Institut, composé de personnes dévouées au Souverain légitime, à l'exception d'une douzaine de conventionnels ou de favoris de Buonaparte, n'imitât cet exemple. Carnot, ministre de l'intérieur, lui écrivit pour l'engager à témoigner son allégresse du retour du *grand homme*, qui ramenait avec lui les arts, les sciences, les lettres et la prospérité publique.

Après la lecture de cette lettre, on allait s'occuper du parti qu'il y avait à prendre, quand tout à coup on voit entrer dans le comité, Regnaud, natif de Saint-Jean-d'Angely, qui demande la permission de lire un projet d'adresse à Buonaparte. On écoute généralement cette pièce avec indifférence; mais enfin, il faut bien l'adopter. Deux académiciens seuls, M. Suard et le vertueux abbé Sicard, ont le courage de faire des observations. Le premier proteste en son ame et conscience contre un passage de cette adresse, où l'auteur représente Louis XVIII et son gouvernement comme ennemis des idées libérales, des lettres et des sciences : « Et moi aussi, ajoute M. l'abbé Sicard, j'ai une conscience, et je ne pourrai jamais donner mon adhésion aux calomnies que cette adresse renferme. »

Regnaud consentit à faire des changemens, et l'on ajourna au lendemain l'adoption de la rédaction défi-

Les premiers voyaient enfin, qu'au lieu de recevoir une plus forte paye, de jouir d'une

---

nitive de l'adresse. A la séance suivante, le président, M. Lacretelle aîné, fut remplacé par M. l'abbé Sicard. On relut l'adresse, elle était la même que la veille; c'était au président à la porter et à la lire à Buonaparte. M. Sicard s'y refusa, et se retira. — Qui s'en chargera? Etienne * *sera notre homme*, dit Regnaud. Il eût été bien difficile de trouver dans tout l'Institut un homme dont l'organe et les écrits fussent aussi agréables à l'usurpateur. Il fut nommé alors vice-président.

En effet, M. Etienne avait élevé, dans un opéra-comique, un monument à la *Reconnaissance*, et ce mot était devenu un terme d'argot pour le parti.

M. Etienne, en faisant à la même époque l'oraison funèbre de M. de Parny, avait vanté le chantre d'Eléonore d'avoir consacré ses derniers chants à la *Reconnaissance* (envers M. Français de Nantes).

Le reconnaissant M. Etienne alla aux Tuileries, à la tête d'une partie des membres de l'Institut, prononcer le discours dont les premières lignes sont déjà une infâme imposture.

Cette bassesse, à laquelle le premier corps littéraire de la nation fut condamné, lui profita bien peu, même pendant les trois mois. L'Académie française ne tint pas une seule séance publique; MM. Aignan et Jouy (je ne parle pas de M. Michaud) récemment nommés, ne firent pas leurs discours de réception.

D'un autre côté, le *Nain Jaune* se moqua ouvertement de la démarche de l'Institut, et le plaça comme

* Il vient d'être éliminé de l'Académie française.

trève de vingt ans, ou d'aller prendre de délicieux quartiers en Allemagne, ils allaient être

---

chansonnier Lauréat dans son ordre des *Girouettes*.

Voici cette adresse criminelle, monument de honte éternelle pour l'auteur et l'orateur :

« Sire,

« Les sciences que vous *cultiviez*, les lettres que vous *encouragiez*, les arts que vous *protégiez* ont été en deuil depuis votre départ. L'Institut, attaqué dans son heureuse organisation, voyait avec douleur la violation immense du dépôt qui lui était confié, la dispersion prochaine d'une partie de ses membres. Nous *appelions* avec toute la France un libérateur, la Providence nous l'a envoyé. Vous êtes venu au secours de la nation inquiète sur tous ses intérêts, blessée dans ses plus chers sentimens, offensée dans sa dignité; et la route que vous avez parcourue des bords de la Méditerranée jusqu'à la capitale, a offert l'image d'un long triomphe.

« Une dynastie, abandonnée par le peuple français il y a plus de vingt ans, s'est éloignée devant le monarque que le vœu du peuple français avait appelé au trône par la toute-puissance de ses suffrages trois fois réitérés.

« Vous allez nous assurer, Sire, l'égalité des droits des citoyens, l'honneur des braves, la sûreté des propriétés, la liberté de penser et d'écrire, enfin une constitution représentative. Bientôt nous verrons terminer ces grands monumens des arts dont nos villes s'énorgueillissent, et ceux qui devaient répandre d'une extrémité à l'autre la vie et la prospérité.

« Sire, hâtez le moment où, placé entre votre épouse

forcés d'abord de marcher contre les insurgés du midi ou de l'ouest, et ensuite de lutter contre des myriades d'ennemis accourus du nord, sans espérance de butin, sans espérance

---

et votre fils, entouré des représentans d'un peuple libre et fidèle, qui vous apporteront de tous les départemens, le vœu national, le résultat d'une expérience de vingt-cinq années de *révolution;* vous renouvelerez avec la France le contrat auguste et saint qui est resté gravé dans tous les cœurs français, et qui, fortifié par toutes les stipulations, par toutes les garanties qu'appelle l'opinion publique, et que promet votre sagesse, attachera pour jamais la nation à votre personne et à votre dynastie. »

M. l'abbé Sicard, éclairé plus qu'un autre par l'expérience de *vingt-cinq années de révolution,* partit pour Londres avant la présentation de l'adresse, et n'en revint qu'après la seconde restauration.

Le Roi, après son retour, ne voulut point recevoir les hommages d'une société qui comptait encore dans son sein des régicides, et quelques autres membres indignes de ceux qui en composent la majorité. Au moment où nous écrivons cette note, et sous le ministère d'un autre Richelieu, les quatre académies viennent de recevoir une organisation nouvelle. Les membres impurs ont été expulsés de l'Académie française, où l'on remarquait avec peine un nombre d'hommes très-peu français, et l'on a associé de nouveaux talens et d'autres noms célèbres à cette illustre compagnie. (*N. du t.*)

de victoires, et n'ayant d'autre chance à courir que celle d'être exterminés.

Les gens du peuple reconnurent aussi que l'arrivée de Buonaparte avait été le signal de l'interruption de tous les travaux, soit publics, soit particuliers, et que leurs vœux insensés pour la vie de leur empereur pourraient bien les faire mourir de faim, eux et leur famille.

Les ministres furent effrayés de ces symptômes de mécontentement. Pour calmer la fièvre révolutionnaire de la populace, on remit de nouveau sur le tapis les solennités du Champ-de-Mai, et l'on en promit des merveilles.

Le ministre de l'intérieur fit en vain une belle circulaire aux préfets, circulaire dans laquelle il présenta comme un glorieux et sublime spectacle, celui d'un héros, l'idole du peuple, qui avait vaincu toute l'Europe et qui déclarait ne tenir sa puissance que du peuple et des soldats; enfin, d'un héros qui ne voulait régner que par les lois, et qui, de concert avec les députés de la nation, allait jeter les solides fondemens d'une monarchie constitutionnelle. Ces espérances de régénération n'excitèrent point d'enthousiasme dans les départemens; l'esprit révolutionnaire s'y était évaporé.

Le midi de la France continuait une résistance opiniâtre. Marseille, Valence et d'autres villes avaient fourni d'intrépides défenseurs, sous les ordres du duc d'Angoulême, tandis que Bordeaux, Toulouse et les contrées situées au bas des Pyrénées opposaient au moins une force d'inertie aux desseins du tyran.

Il faut observer que, depuis la révolution, des insurrections partielles n'ont jamais réussi contre l'esprit dominant dans la capitale. Les séductions, la terreur les ont constamment dissipées (1).

On avait l'espoir que les magnanimes efforts de la duchesse d'Angoulême seraient secondés par quelques mouvemens des puissances alliées. Il suffisait de deux ou trois régimens, guidés par un chef expérimenté, pour former un point central, autour duquel se rallierait la population jusqu'alors incertaine (2).

---

(1) S. A. R. *Monsieur*, arrivé à Lyon, ne pouvait, malgré tout ce qu'il voyait, croire à la défection de l'armée, dont il est bien connu que les officiers font tout ce qu'ils veulent. Tant que je verrai, disait ce prince, des *chevaliers de saint Louis* à la tête des régimens, me sera-t-il permis de croire à la trahison?
(*N. du t.*)

(2) Il n'y a pas de doute que les Espagnols en pénétrant par les Pyrénées, les troupes piémontaises par la

Cette auguste princesse communiquait à tous les chefs royalistes son intrépidité et son courage. Vêtue en amazone, elle passait en revue la garnison et la garde nationale de Bordeaux, et ne montrait pas moins de résolution à la tête des troupes que dans le conseil.

La duchesse d'Angoulême n'avait point été oubliée par les buonapartistes, dans les injures atroces et encore plus ridicules dont ils accablaient la famille des Bourbons. Un des principaux chefs d'accusation contr'elle, c'était sa mélancolie habituelle; on lui reprochait de ne pas montrer la gaîté française : comme si une infortunée princesse qui, dans l'âge où le cœur est le plus susceptible de recevoir des impressions profondes et durables, avait vu périr toute sa famille, et n'était sortie elle-même d'une tour horrible que pour gémir vingt années dans l'exil, avait pu, en rentrant dans le palais de ses ancêtres, s'épargner des réflexions douloureuses; comme s'il n'y avait pas eu, dans tous

---

Savoye et les Anglais par la principauté de Monaco, n'eussent opéré, malgré leur petit nombre, une diversion formidable dans les circonstances. Buonaparte en eut la crainte; il vit Lyon prêt à lui échapper, et c'est pour cela qu'il s'empressa d'y renvoyer en poste une partie du corps du maréchal Ney. (*N. du t.*)

ses malheurs, trop de motifs légitimes de ternir l'éclat du triomphe, et de mêler des larmes amères aux doux transports de la joie.

Mais ce n'était pas seulement la tristesse que l'on reprochait à *Madame*, on allait jusqu'à lui faire un crime de sa piété. Les infâmes caricatures que l'on fit contre la famille royale, représentaient la princesse à genoux devant un prie-dieu, comme si elle eût été incapable de toute autre occupation. Quel fut donc le triomphe de ses partisans, lorsqu'on apprit à Paris que cette princesse avait montré tout à coup cette énergie que l'adversité fait naître dans les ames supérieures; que, non contente d'invoquer le ciel en faveur de la plus sainte des causes, elle montait à cheval, parcourait les rangs et montrait un courage digne des temps héroïques!

Et ce courage avait mille fois plus de prix que celui qu'on peut montrer dans les combats. Ce n'étaient pas ses ennemis qui étaient le plus à craindre pour elle, c'était ceux mêmes qu'on regardait comme les appuis de la cause royale.

Lorsque madame la duchesse apprit que Buonaparte envoyait contr'elle des forces considérables, sous les ordres de Clausel, elle ordonna à un général de la conduire au château Trompette. Le général hésita, ajoutant que les dispositions des sodats étaient telles, qu'elle pourrait courir des dangers. « Je ne vous demande « pas, monsieur, répondit la princesse, s'il y a « du danger, je vous donne seulement l'ordre « de m'introduire. » Aussitôt, montant à cheval, elle se dirigea sur l'esplanade au milieu d'un cercle d'officiers, les harangua, les excita à la fidélité et au renouvellement de leurs sermens, en présence même de l'ennemi. Leur hésitation, leur froideur ne la découragea pas. *Je le vois*, dit-elle, *vous êtes des lâches : je vous délie de tous vos engagemens*. Elle s'éloigna, à ces mots, et ne tarda pas à s'embarquer à bord d'une frégate anglaise (1).

---

(1) L'infâme *Nain Jaune* n'a pu s'empêcher de donner de justes éloges à la conduite de l'auguste fille de Louis XVI.

Voici l'original d'une lettre qui fut envoyée au Journal de Paris, le 21 avril 1815, et qui certainement est parvenue à son adresse : « N'êtes-vous pas las, M***, (on ne désigne que par des étoiles le nom du rédacteur, parce qu'on ne veut dénoncer personne) du métier que vous faites depuis un mois ! Pouvez-vous pousser l'impudence au point de mentir aussi effrontément que vous le faites chaque jour sur ce qui se passe à Paris, en France et en Europe ! et vous dites

Toute la population de la ville suivit jusqu'aux bords de la mer cette princesse chérie. Les larmes, les sanglots, les transports d'enthousiasme éclataient de tous côtés. Chacun voulait posséder quelque chose qui eût appartenu à la princesse, afin d'en conserver un plus précieux souvenir. On n'eût pas mis plus d'empressement à recueillir les reliques vénérées d'un martyr. La princesse abandonna donc son schall, ses gants, les plumes de son chapeau. Tous ces objets furent coupés en mille pièces et distribués à la multitude.

Si l'histoire a célébré, avec un juste tribut d'éloges, la conduite de la reine d'Angleterre Elisabeth au fort de Tilbury, et celle de Marie-Thérèse à Bude ; quelle page brillante ne

---

que vous avez des *idées libérales!* Ah! vous n'êtes qu'un vil esclave! Quel emploi honteux, en effet, pour un homme d'esprit, comme vous, de recevoir de l'argent pour mentir chaque matin! Espérons que le temps n'est pas éloigné où tout rentrera dans l'ordre, et que les intrigans ne pourront plus prendre de masques! Je vous envoie l'*extrait fidèle* d'une lettre de Bordeaux; je verrai si vous avez le courage de la mettre dans votre journal. *Vous savez* que les faits qui y sont relatés sont *exacts*, comme *vous savez* aussi que la lettre de Bordeaux du 2 avril est *fausse.* » La lettre ne parut point. (*N. du t.*)

réserve-t-elle pas à la fille de Louis XVI?

Le parti royaliste, dans la Bretagne, courut aux armes, et demeura maître d'une grande étendue de pays; mais il n'était pas assez nombreux pour marcher sur la capitale. Le défaut de plan général rendit inutiles même les succès partiels. Les Français, réduits à ne plus compter sur eux-mêmes pour leur délivrance, portèrent leurs regards vers le nord, et calculèrent avec impatience la marche trop lente des alliés. Le courage des royalistes était soutenu par les proclamations que le Roi publiait à Gand, et par les relations qui circulaient dans le public, sur les préparatifs des puissances étrangères. Ces bulletins étaient à peine connus à Paris, que dix mille plumes les copiaient aussitôt; la presse s'en emparait ensuite, et leur donnait une publicité encore plus rapide. Tout cela avait lieu en dépit des efforts de la police (1). Pendant la nuit, des

(1) On peut, sans exagération, porter à plus de cent mille le nombre des copies d'un bulletin malheureusement mensonger, prétendu extrait de l'*Observateur autrichien*, bulletin suivant lequel le congrès de Vienne paraissait disposé à céder au roi de France trois départemens de la Belgique, en indemnisant ailleurs le roi des Pays-Bas. Cette nouvelle produisit tant d'enthousiasme,

placards étaient affichés, avec la même hardiesse, à tous les coins des rues.

Cependant le gouvernement ne négligeait aucun moyen d'exciter l'esprit public. Comme il n'était plus possible de renouveler sérieusement la fable de l'arrivée de l'archiduchesse Marie-Louise et de son fils, on s'attacha du moins à prouver que les prétendus préparatifs des hostilités étaient seulement l'ouvrage d'une faction dirigée par les Bourbons; mais que cette coalition, mal cimentée, n'obtiendrait pas plus de succès que celle qui avait secondé autrefois les émigrés.

Le conseil d'état, dans sa séance du 12 avril, examina à fond la matière. Déjà Buonaparte, passant une revue dans la cour des Tuileries, avait dit aux troupes, que si l'ennemi envoyait contre lui six cent mille baïonnettes, il lui opposerait deux millions d'hommes.

En effet, on ne tarda pas à ordonner, dans toute la France, une levée de deux millions cinq cent mille *quarante* hommes, laquelle comprenait tous les individus valides, depuis l'âge de vingt-cinq ans jusqu'à soixante.

---

que le ministère de Buonaparte fut obligé de la démentir officiellement. Elle avait fait hausser les fonds publics. (*N. du t.*)

Le conseil ne pouvant plus cacher au public ce qui se passait au-delà des frontières, ni les opérations du congrès, crut devoir les taxer d'impolitiques, et répondre à ses déclarations.

On osa dire que la déclaration publiée à Vienne, le 13 mars, était apocryphe; que toutes sortes de raisons prouvaient qu'elle n'était point émanée du congrès, ni signée des ministres dont les noms y figuraient.

Cette pièce, connue à Paris peu de jours après sa promulgation, fut enfin publiée dans le Moniteur, mais avec un commentaire du conseil d'état, qui ne balança pas à la présenter comme un faux matériel, comme l'ouvrage des agens du comte de Lille (Louis XVIII), et comme une provocation à l'assassinat.

Après avoir commis cette première imposture, de déclarer fausse une pièce dont l'authenticité ne pouvait être révoquée en doute, le conseil fit la récapitulation des différens points sur lesquels les alliés et les Bourbons avaient, disait-il, violé le traité fait avec Buonaparte après sa retraite à l'île d'Elbe; ce qui justifiait son retour en France.

On n'oubliait pas, en critiquant l'administration des Bourbons, de parler des dîmes, des droits féodaux, des propriétés nationales, et de vanter le gouvernement *libéral* dont la France allait enfin jouir, sous la protection des lois et de son empereur (1).

---

(1) La police littéraire de Buonaparte poussa la prévoyance jusqu'à faire composer, par des auteurs faméliques, des relations mensongères sur la manière de vivre de Buonaparte à l'île d'Elbe. On accrédita les impostures les plus grossières.

Un libraire de Paris se vantait d'avoir vendu le même jour (1er mai 1815) deux mille exemplaires d'un pamphlet ayant pour titre : *Une année de la vie de l'empereur Napoléon*, ce qui était faux.

Le procès du général Debelle vient de prouver évidemment qu'à l'invasion de Buonaparte, les dispositions du Dauphiné n'avaient pas été, à beaucoup près, telles qu'on a voulu le supposer, et qu'on l'a cru encore long-temps après le retour du Roi.

Buonaparte ne fit publier aucune relation officielle sur les évènemens de Grenoble, sur la conduite du général Marchand, Labédoyère, etc.

On eut soin, sur-tout, de dissimuler la belle conduite qu'avaient tenue à Grenoble l'inspecteur aux revues M. de Rostaing, le maréchal-de-camp Devilliers, etc. etc.

Le général Devilliers s'était retiré avec le 11e de ligne et une partie du 7e, et l'on croyait le lieutenant-général Marchand au fort Barreau avec des forces imposantes. On avait honte de s'être rendu à une troupe aussi peu nombreuse et aussi misérable que celle qui accompagnait Buonaparte. La canaille seule, qui ne

Toutes ces déclamations, répétées jusqu'à satiété, étaient regardées comme nécessaires pour faire passer l'aveu terrible des calamités que l'infraction de Buonaparte à la foi des traités, attirait sur la France.

Il semble qu'une telle déclaration eût dû suffire ; mais le gouvernement ne s'en tint pas à ces aveux forcés. On imprima dans le Moni-

---

calcule rien, montra une joie tumultueuse. Il n'est pas vrai qu'à défaut des clés de la ville, on eût apporté à Buonaparte les débris de la porte par laquelle il avait fait son entrée. Je m'étonne d'avoir vu répéter dans un ouvrage récent (l'*Itinéraire de l'île d'Elbe à Sainte-Hélène*), une assertion controuvée, qui a paru dans un méprisable libelle publié pendant les *trois mois*.

Il est certain seulement que la populace se rassembla sous les fenêtres de Buonaparte, à l'auberge des *Trois Dauphins*, et l'étourdit tellement par ses criailleries, qu'après lui avoir fait distribuer 40 francs en petite monnaie, il dit à ses officiers : *Faites retirer cette mandrille*.

Buonaparte affectionnait singulièrement ce mot *mandrille*, qu'il employait à tout propos et hors de propos. (Il dérive de l'italien *mandria*, qui signifie *troupeau*.)

Les officiers de la troupe de l'île d'Elbe et de celle qui l'avait grossie, n'étaient guère plus flattés de l'espèce de gens qui venaient saluer *leur empereur*. Le général Bertrand ne put s'empêcher de dire à Lyon, le lendemain de l'occupation de cette ville : J'ai cru cette nuit que l'on avait ouvert toutes les prisons! (*N. du t.*)

teur un long rapport de Caulaincourt, soi-disant ministre des affaires étrangères, rapport dans lequel le célèbre affidé de Buonaparte appelait l'attention de son maître sur le danger de la patrie, danger occasionné par la conduite illégale, par la mauvaise foi des souverains de l'Europe. On avait porté la perfidie et la violation du droit des gens, jusqu'à arrêter les courriers de l'empereur, jusqu'à refuser d'entretenir avec lui aucune sorte de communication. Les lettres de sa majesté aux souverains de l'Europe n'avaient pas été reçues, quoique Napoléon eût eu soin de les écrire de sa propre main, et de mettre en tête de chacune d'elles cet intitulé : *Monsieur mon frère.* « Contre qui sont « dirigées ces hostilités ? disait le ministre, « Sire, on prononce le nom de votre majesté ; « mais c'est la France qui est menacée. »

Personne n'ignorait que la seule présence de Buonaparte était une cause suffisante d'hostilités ; le ministre en faisait la confession solennelle : ainsi l'édifice de l'imposture était détruit par les mains mêmes qui l'avaient élevé. Un carnage affreux, la dévastation du pays, le partage du territoire peut-être, allaient remplacer tous les beaux rêves d'idées libérales, de liberté, d'égalité, des droits du peuple !

Quoique tous ceux qui prenaient part au gouvernement affectassent un parfait accord d'opinion, les débats les plus scandaleux s'élevaient dans le cabinet et dans le conseil. Les discussions dégénéraient en personnalités, et nul n'avait plus besoin d'être rappelé à l'ordre que Napoléon lui-même. Souvent, dans la chaleur des débats, il oubliait qu'il n'était plus maître que de nom. Un jour il voulut faire fusiller un de ses ministres; mais ce ministre l'avertit charitablement, que s'il prenait ce parti, lui-même n'y survivrait pas une heure.

On assure qu'un jour Buonaparte se disputant près de la croisée de son cabinet avec un de ses conseillers, le prit au collet, et que cette scène fut aperçue d'une partie de la multitude placée sur la terrasse. Ce fut un grand scandale pour les partisans du grand homme; mais les spectateurs indifférens allèrent raconter de tous côtés cette rixe burlesque entre le père *Laviolette* et son camarade, de la manière qu'ils auraient décrit une querelle entre des bateleurs du boulevard.

CHAPITRE VI.

Destination primitive du Champ-de-Mai.— *Acte additionnel.*—Votes dérisoires.—Espérances des jacobins déconcertées.—Triomphe des sujets fidèles.

Le voile enfin se déchira, et Buonaparte redevint Napoléon. Lassé des hommages de la multitude, qui lui coûtaient trop cher peut-être, il quitta les Tuileries, et se retrancha au palais Bourbon, dans les Champs-Élysées (1). Là, entouré de ses fidèles sicaires, il laissa les idéologues de son conseil, fabriquer, à leur aise, des projets de constitution. Voir ses observations écartées comme étrangères au fond de la question, c'était plus de mortification qu'il n'en pouvait endurer. Sa patience s'épuisa, et il jeta le masque dès qu'une circonstance favorable se présenta.

(1) Le tarif des cris de *vive l'empereur!* était beaucoup baissé. D'abord fixé à cinq francs, il était descendu à trente ou quarante sous, et l'enthousiasme des amateurs diminuait avec leurs honoraires; ils voulaient servir tout juste pour l'argent qu'ils recevaient. Sur la fin, au lieu de *vive l'empereur!* ils criaient *vive le père Laviolette!*

La difficulté de donner à la France l'organisation constitutionnelle qui convient à ses mœurs, à ses localités, était augmentée encore par la dissidence de vues et d'intérêts des fabricateurs de ce grand œuvre.

Les ministres, les conseillers d'état les plus imbus des maximes révolutionnaires, voulaient que l'assemblée du Champ-de-Mai fût véritablement constituante; que les électeurs eussent la faculté, comme représentans immédiats du peuple, de faire, au projet qui leur serait soumis, tous les changemens qu'ils jugeraient convenables, et de prendre toutes les mesures prescrites par l'intérêt du pays.

On présentait toutes sortes de plans pour organiser, en assemblée délibérante, une collection de vingt-cinq mille individus. Le plus raisonnable était celui qui consistait à nommer, dans le sein de chaque collége électoral, un commissaire, et à faire de la réunion de tous ces rapporteurs un comité central, qui discuterait les changemens proposés, et les soumettrait ensuite à la masse divisée en sections ou *bureaux*. Par ce moyen on serait parvenu à obtenir des votes presque individuels.

Mais tous ces faiseurs de projets perdirent leurs peines. Buonaparte alla plus vite en besogne. Aidé des soins bénévoles d'un publiciste célèbre, M. Benjamin Constant de Rebecque, il devança les délibérations de son conseil d'état, et publia, au lieu d'une constitution, ce qu'il qualifia d'*Acte additionnel aux Constitutions de l'Empire*, daté du palais de l'Elysée, le 22 avril 1815.

C'était, malgré les grands mots de souveraineté du peuple, de liberté, d'égalité de droits, malgré toutes ces concessions républicaines, un véritable décret impérial, dont l'objet, comme celui de tous les actes émanés de la même source, était de sanctionner toutes ses folies passées et futures.

Le danger de provoquer, sur des matières aussi graves, les délibérations d'une masse de vingt à trente mille citoyens, n'avait point échappé à la pénétration de Buonaparte; mais il avait décrété l'assemblée du Champ-de-Mai, et il était impossible de la contre-mander : il n'y avait donc autre chose à faire, que de neutraliser l'effet d'un pareil rassemblement.

Il fut déclaré que les électeurs ne recevraient point d'indemnités pécuniaires pour leur voyage ou leur séjour à Paris; circonstance extrêmement favorable au desposte, puisque très-peu de ces messieurs étaient disposés à faire la route à leurs frais. D'un autre côté, un décret impérial annonça à ceux qu'un sentiment patriotique pourrait déterminer à un tel sacrifice, qu'ils n'auraient point à discuter l'*acte additionnel*, que tout leur emploi consisterait à vérifier des registres, et à compter les suffrages le jour de leur assemblée, fixée au 26 mai.

Les électeurs se trouvaient donc réduits aux fonctions subalternes de scrutateurs, sans avoir à exprimer aucun avis approbatif ni improbatif de l'*acte additionnel.*

Le même décret ordonnait que les registres, pour la consignation des votes, seraient ouverts dans les mairies, dans les divers bureaux du gouvernement, et chez les notaires. Déjà Buonaparte avait fait un heureux essai de ce mode dérisoire de recueillir les suffrages, lorsqu'il s'était fait nommer empereur. On ne pouvait faire mieux que d'y recourir encore. Il est vrai qu'une telle manière de voter ne pouvait être mise avec fruit en pratique que dans la capitale, où l'on aurait aisément trouvé, non seulement les fameux quatre millions de signatures, mais peut-être dix millions, si l'on avait voulu, grâce aux faux noms, aux fausses qualités, et aux doubles et triples emplois (1). Il n'en était pas tout à fait de même dans les départemens, où la fraude était plus difficile. On craignait d'ailleurs que les préfets, sous-préfets et autres n'y missent trop de tiédeur.

Qu'imagina-t-on pour créer une majorité factice? Ce fut d'envoyer de tous côtés des *commissaires spéciaux*. Ces commissaires extraordinaires, parcourant toutes les divisions militaires, avaient pleins-pouvoirs pour destituer et remplacer les maires, les officiers municipaux, les membres des conseils-généraux de départemens, les sous-préfets, etc.

Ces commissaires étaient, en outre, chargés de former l'esprit public.

---

(1) Ce qu'il y a de certain, c'est que les employés des administrations avaient beau dire, pour éluder la signature de l'*acte additionnel*, qu'ils avaient voté dans leur mairie ou chez un notaire, ils étaient tenus de voter de nouveau.

Dans une grande administration, il se trouvait une quantité considérable de votes négatifs. Le directeur craignit qu'on ne lui imputât à crime le *mauvais esprit* de ses employés. Il déchira donc le registre, fit venir tous les commis l'un après l'autre dans son cabinet, et les pria de signer de nouveau pour ou contre, en leur laissant une liberté entière. Il en résulta ce qu'il était facile de prévoir, une grande diminution dans les votes de non acceptation. (*N. du t.*)

Il était d'autant plus nécessaire de donner l'impulsion aux départemens, qu'à Paris l'*acte additionnel* avait excité les sarcasmes et le mécontentement de toutes les classes d'habitans. Les jacobins, qui avaient triomphé de la grande conversion impériale, et qui attribuaient ce changement à l'excellence de leur système, prodiguèrent à Buonaparte toutes les épithètes injurieuses dont se compose leur grossier vocabulaire. Les républicains, plus raisonnables, n'avaient pas cru à cette conversion, ils avaient senti l'énormité du sacrifice qu'ils faisaient, en mettant Buonaparte à la tête des affaires; mais ils espéraient le contenir, à l'aide d'entraves dont il ne pourrait se dégager. Ils croyaient que, dans la crise actuelle, cet homme ambitieux reconnaîtrait la nécessité d'abandonner une partie de son pouvoir pour sauver le reste, et que son intérêt, bien entendu, l'emporterait sur sa vanité.

Les royalistes se réjouissaient de la déconvenue des patriotes. Ils fixaient sur la frontière leurs regards avides d'espérances, et cette fureur de fabriquer des constitutions ne leur paraissait pas devoir être de longue durée (1).

---

(1) Le décret qui ordonna l'exécution immédiate de l'*acte additionnel*, et l'élection provisoire des députés,

En un mot, tous les partis, quoique divisés d'opinion, se réunissaient en un seul point:

---

avant que les registres pour voter sur ce même acte fussent ouverts, frappa de consternation les hommes *à idées libérales*, et combla l'espoir des gens de bien. Ce décret était du 9 mai. M. de Kergorlay dirigea contre cet acte un écrit remarquable par sa logique et par sa hardiesse.

« Une circulaire ministérielle, disait-il, adressée à MM. les procureurs-généraux, leur recommande l'exécution de ce décret, et affirme que les dispositions en sont entièrement fondées *sur les lois existantes*. Cette assertion est une grande erreur. *Les lois existantes sont celles qui sont conformes à la Charte constitutionnelle :* toutes celles qui existaient précédemment, ont été, en ce qu'elles y contenaient de contraire, abrogées par la Charte constitutionnelle; *or, ce qui a été abrogé n'existe plus.* »

M. Le Peletier-Rosanbo, pair de France, et M. de Nugent, électeur de Seine et Oise, publièrent également leur *vote;* ces trois votes furent imprimés par M. Dentu, ainsi que nous l'apprend l'ouvrage déjà cité (*Les crimes de Buonaparte et de ses adhérens*, etc., 3e édit.), où ces *votes* sont rapportés en entier, pages 109 à 112.

Au reste, on était si peu d'accord *sur les lois existantes,* dans le sens même où les apôtres de l'usurpation pouvaient entendre ces paroles, que les colléges électoraux, relativement à l'admission des membres de la légion d'honneur, furent organisés d'une manière peu concordante avec les dispositions de ces prétendues

c'était de regarder Buonaparte comme le plus odieux des imposteurs. Aucun ne s'était attendu à ce manque de foi, à ce coup d'état, et chez tous l'indignation était égale.

N'était-ce pas assez, disaient-ils, de nous avoir horriblement trompés par la supposition de l'intervention de l'Autriche (1)? N'était-ce

lois. On ne daigna pas même se conformer à la disposition expresse, qui ne regardait les délibérations comme valables, que quand elles auraient été prises par la moitié plus un du nombre total des votans. Tel corps électoral, composé de 200 membres, nomma des députés au nombre de treize votans. A Paris, où l'on eut chambrée presque complète, grâce à la foule des légionnaires qui se firent inscrire, il s'en fallut encore de cinq ou six voix que les électeurs se trouvassent en nombre compétent. (*N. du t.*)

(1) Il y avait des gens tellement entêtés à croire à l'arrivée de l'archiduchesse Marie-Louise, que, même au mois de juillet, ils disaient hautement qu'elle était tantôt à Bâle, tantôt à Grenoble, et qu'elle allait faire avec son fils une entrée solennelle dans Lyon. Le général Mouton-Duvernet, qui fut pendant quelques jours gouverneur de cette ville avant l'entrée des Autrichiens, mit ce temps à profit pour faire fabriquer des pièces d'or avec une tête d'enfant, que l'on prétendait être l'effigie du jeune Napoléon.

Je fus témoin le 7 avril, aux Tuileries, d'une mystification très-plaisante, dont Buonaparte se trouva fortuitement la dupe.

pas assez d'avoir attiré sur nous une seconde invasion, dans laquelle toutes les puissances de l'Europe nous traiteraient comme des sujets révoltés? Quelle excuse donner à de pareilles faussetés ? Jusqu'à présent l'imposteur pouvait dire qu'il nous avait abusés, parce qu'il s'abusait lui-même, mais ici la mauvaise foi est évidente. Il nous a promis une constitution libérale, dans son langage; une constitution pour la-

---

Pendant qu'il se montrait au peuple à la suite des cris répétés pendant cinq ou six minutes par une douzaine d'enfans, des coups de canon se firent entendre du côté de la plaine de Grenelle. On y essayait un nouveau procédé, pour faire porter la mitraille presqu'aussi loin que le boulet. On avait lu le matin dans les journaux, que des relais de dragons et de lanciers avaient été disposés sur la route de Strasbourg, afin d'escorter l'archiduchesse, et que les équipages de cette princesse étaient partis depuis long-temps de Versailles. Les spectateurs s'imaginèrent naturellement que les salves d'artillerie avaient pour objet de célébrer cette arrivée. Aux cris de *vive l'empereur!* succédèrent ceux de *vive l'impératrice!* Mais ces acclamations ne furent pas de longue durée. L'air sombre et rêveur du despote faisait connaître aux physionomistes les moins habiles, qu'il ne se dissimulait point ce que sa position avait de fâcheux. Ce n'était pas Marie-Louise, c'était la *paix* que l'on désirait avec tant d'ardeur.

(*N. du t.*)

quelle l'élite de la nation serait consultée, une constitution préparée par ses ministres, mais discutée par les représentans de la nation; et voilà qu'après avoir déclaré que le peuple a constamment approuvé les différens actes de despotisme que lui et son sénat ont proclamé à diverses époques, il crée de son autorité une autre constitution, devant laquelle il ordonne à la nation de se prosterner. Ces murmures étaient si universels, qu'ils vinrent à la connaissance de celui qui en était l'objet. Sa nouvelle imposture excitait l'esprit d'opposition à un point qui le mettait dans la nécessité de se justifier. L'apologie du despote ne fut qu'une récrimination. Buonaparte avait fondé sa tyrannie sur une connaissance approfondie du caractère dominant de la nation, qui est la vanité; en l'appelant d'abord la *grande nation*, ensuite le *grand peuple*, il en avait obtenu tout ce qu'il avait voulu. Il reprocha désormais aux Français d'avoir reçu, sans murmurer, une constitution que le Roi leur avait octroyée, comme une grâce; qui n'avait pas même été soumise à l'acceptation du peuple; une charte dans laquelle le Roi se déclarait en pleine possession de l'autorité émanée de Dieu et de ses ancêtres. Il osait comparer les Français modernes aux serfs, qui avaient été affranchis du temps de Louis-le-Gros.

Il oubliait que si les sénatus-consultes, soi-disant organiques, n'avaient pas été *octroyés*, si *un seul* de ces actes avait été revêtu, en apparence, de la sanction du peuple, cette acceptation n'était qu'une vaine formalité, qu'une comédie ridicule. Le sénat lui-même n'était pas l'auteur de ces actes : il ne faisait qu'enregistrer les ordres suprêmes de son empereur, et supportait souvent avec impatience les indignités dont on l'abreuvait.

CHAPITRE VII.

Tentatives de Buonaparte pour opérer des réformes dans la religion.—Bassesse de quelques membres du haut-clergé.—Résistance courageuse du clergé inférieur. —Exemple remarquable de tolérance sous le règne de Louis XVIII.

Un moraliste, peu sévère, a dit qu'il fallait être tout juste assez honnête homme, pour n'être point pendu. La politique de Napoléon trouvait cette maxime encore trop rigoureuse. Les principes qui dirigeaient et son gouvernement et ses actions privées, n'étaient jamais fondés que sur son intérêt immédiat. Prenant pour guide Machiavel, il appliquait la politique et les maximes des anciens états d'Italie, au siècle éclairé où nous vivons, et en particulier à la France. Après l'avoir elle-même subjuguée, il en faisait son instrument pour subjuguer l'Europe.

Il regardait non seulement le territoire, mais encore les habitans de la France, comme sa propriété. Souvent il parlait, avec jactance, de la facilité qu'il avait de dépenser vingt ou trente mille hommes par mois. La vie des hommes n'était pas plus à ses yeux, que les millions en or et argent qu'il extorquait et dissipait. Son ambition la plus ardente était de laisser un nom fameux et de vivre dans l'histoire, pourvu qu'il ne se présentât pas un Tacite pour le signaler à la postérité; car il exprimait, pour cet écrivain, le plus profond mépris. Un jour, en recevant une députation de l'Institut (1), il reprocha à Tacite d'être le plus partial, le plus mal instruit, le moins judicieux des historiens; son génie étroit ne lui avait pas permis d'apprécier la politique et la ferme administration du plus sage des empereurs romains...., de Tibère. L'Institut ne répondit point à cette tirade, persuadé, sans doute, que Tacite saurait bien se défendre lui-même, et que Tibère trouverait peu d'apologistes.

La gloire militaire n'était pas la seule qu'ambitionnât cette imagination exaltée. Buonaparte avait remarqué qu'il ne reste, en quelque sorte, que le nom de ces fléaux de l'espèce humaine, honorés du nom de conquérans,

---

(1) Lorsque Chénier se fut brouillé avec Buonaparte, il plaça ce vers remarquable dans une épître à Voltaire :

Tacite, dont le nom fait pâlir les tyrans.

tandis que les auteurs des belles institutions vivent à jamais dans la mémoire de leurs disciples. Que reste-t-il, en effet, d'Alexandre, de César, de Charles XII? Rien que le souvenir stérile de leurs exploits; tandis que la loi de Moïse, instituée depuis plus de quatre mille ans, est encore observée dans le monde entier, par une race nombreuse, quoique dispersée.

Zoroastre et Mahomet ont soumis à leur doctrine une grande partie du globe. Leur nom est invoqué avec vénération par d'innombrables sectateurs, tandis que la réputation des héros de la Grèce et de Rome s'obscurcit peu à peu.

Jaloux de Luther et de Calvin, qui dans des temps modernes ont fait triompher une nouvelle secte religieuse, Napoléon, croyant l'époque favorable, voulut devenir aussi le fondateur d'un nouveau système religieux, et se donner, sinon comme un prophète, au moins comme un précepteur du genre humain. Non content de méditer profondément sur ce sujet, il avait appelé l'attention d'un comité de son conseil d'état, sur la possibilité d'une *réforme*. La police littéraire avait secrètement l'ordre de favoriser la publication de tous les ouvrages contre la domination du pape. Des mesures de rigueur étaient déjà projetées contre le Saint-

Père, qui avait résisté aux mesures anti-canoniques de Buonaparte touchant l'institution des évêques. La puissance papale lui donnait de l'ombrage. Il parlait de réunir le titre de chef de l'église gallicane à celui d'empereur des Français.

Dans tous les temps, il s'était distingué par des principes de tolérance qui tournaient exclusivement à l'avantage des sectes dissidentes de l'église catholique. On favorisait ouvertement les protestans. Les ministres supérieurs de la religion catholique évitaient prudemment les hostilités (1). Ils se bornaient à devenir les humbles instrumens des décrets de Buonaparte sur la conscription, ou les vils flatteurs de son autorité absolue. Leurs mandemens au clergé et au peuple de leur diocèse, étaient remplis de citations de l'Ecriture, faisant allusion au règne de Cyrus. Un prélat oublia la sainteté de son ministère, au point de qualifier Buonaparte de représentant de Dieu sur la terre!

Le clergé inférieur, dont le traitement n'était nullement proportionné à ses pénibles services, ou qui pénétrait bien les vues ultérieu-

(1) Tel fut le motif qui fit fermer les célèbres conférences de M. l'abbé Frayssinous, dans l'église de Saint-Sulpice.

res de Buonaparte, montrait une résistance courageuse, et il ne lui était pas difficile de trouver dans l'Ecriture-Sainte une réfutation des sentimens épiscopaux.

L'histoire nous apprend que le pouvoir arbitraire et la force du glaive ne sont pas toujours inutiles pour propager de nouvelles doctrines religieuses. Mahomet prêcha, l'épée à la main, la grande doctrine de l'unité de Dieu; il fit revenir de leur égarement une foule de polythéistes, et gagna même un bon nombre de chrétiens à sa cause. Henri VIII, en Angleterre, secoua, avec violence, les chaînes que voulait lui imposer le pape. Une secte guerrière de l'Orient, les *Wechabites* (1), ont dernièrement entrepris de faire dans le mahométisme une réforme analogue à celle de Luther dans le monde chrétien. Il n'eût donc pas été absolument impossible à Buonaparte de ruiner les fondemens de l'autorité même spirituelle du pape; mais il fallait pour cela qu'il introduisît, dans l'éducation et dans l'Eglise, une discipline toute militaire.

(1) Voyez *Histoire des Wahabis* ou *Wechabites, depuis leur origine jusqu'à la fin de* 1809, par L. A., consul à Alep; cet ouvrage est du plus grand intérêt. Un vol. in-8°. Paris, J. G. Dentu.

Déjà il avait organisé militairement l'instruction des lycées et même des écoles particulières : cette réforme s'exécutait dans les détails les plus minutieux. Les élèves ne s'éveillaient, ne prenaient et ne cessaient leurs exercices qu'au son du tambour.

Il n'a pas tenu à Buonaparte que les ecclésiastiques n'eussent aussi leur état-major, et qu'ils ne fussent mis en état de remplacer, dans ses fonctions, la milice sédentaire (1), peut-être de combattre l'ennemi extérieur. De tels prédicateurs eussent offert une merveilleuse réserve pour réprimer les séditions ; à leurs énergiques prédications, ils eussent ajouté, s'il l'eût fallu, le développement, encore plus persuasif, de la force des armes.

Mais le temps lui a manqué pour ces innovations ; il a rencontré d'ailleurs des obstacles imprévus. Pendant que le pape était à Paris, il ne put venir à bout de l'amener à des conférences amiables avec M. Marron, président

---

(1) Au moment de la première invasion des alliés, en 1814, on citait avec complaisance, dans quelques journaux, les temps de guerre étrangère ou civile où l'on avait vu les magistrats, les curés eux-mêmes se confondre dans les rangs des soldats, les animer par leurs discours et par leur exemple. (*N. du t.*)

du consistoire de l'Eglise réformée, qu'ordinairement à la cour il qualifiait de *M. le pape protestant.*

On attribue à ce sujet au pape Pie VII un singulier jeu de mots. « Je n'ai pas, dit-il, l'espoir de tirer le *marron* du feu. »

Une négociation non moins difficile, et qui eut cependant un plein succès, ce fut de déterminer le cardinal-archevêque de Paris (feu M. de Belloy) et le président du consistoire protestant à agir de concert dans la même cérémonie religieuse, en présence de l'impératrice Joséphine et d'une partie de la cour. Il s'agissait du mariage de deux personnes considérables, dont le futur était protestant et l'épouse catholique. Cette circonstance était remarquable, car M. Marron, à cause du privilége réservé au marié, dirigea la cérémonie et prit la place d'honneur, à la droite de l'impératrice, ainsi qu'au banquet nuptial, tandis que le cardinal-archevêque occupa constamment la gauche.

Hâtons-nous de faire observer, avec impartialité, que la tolérance ne s'est pas bornée au règne d'un homme qui n'avait réellement ni foi ni loi, qui était musulman au Caire et chrétien à Paris (1).

(1) En Egypte, Buonaparte disait, dans toutes ses

S. M. Louis XVIII, attachée fortement à une religion qui a fait, en partie, la consolation de ses infortunes, et bien nécessaire aujourd'hui pour écarter les épines qui entourent son diadême, Louis XVIII n'a jamais dérogé aux principes sacrés de la tolérance. Je puis citer, pour preuve, ce qui s'est passé l'hiver dernier, avant l'invasion de Buonaparte.

Une anglaise mourut à quelques lieues de Paris; comme elle était protestante, M. Marron fut chargé de célébrer ses obsèques. L'évêque du diocèse (1) ordonna que l'on rendît tous les honneurs convenables à la piété et aux bonnes œuvres de la défunte.

L'office fut célébré et l'oraison funèbre prononcée par le ministre protestant dans une église catholique, en présence d'un nombreux auditoire catholique; et le clergé romain, lui-même, n'avait pas dédaigné d'y assister.

---

proclamations, et dans ses entretiens avec les prêtres du Caire : *Gloire à Allah; il n'y a pas d'autre Dieu que Allah; Mahomet est son prophète, et je suis son ami.*

(1) Il y a ici une légère erreur de fait : je la rectifierai dans la note suivante, où je donnerai sur cet événement, assez singulier, des détails que je tiens de la même source que miss Williams. (*N. du t.*)

Le corps fut porté au lieu de la sépulture avec des cérémonies participant des deux rites.

On alluma une multitude de cierges, et l'on chanta des pseaumes suivant le culte romain, tandis que l'on récita les prières suivant le rituel calviniste.

La dame qui était l'objet de ce convoi a été une beauté célèbre vers le milieu du dernier siècle. Ses infortunes et ses fautes (car les larmes que le pauvre versa sur sa tombe prouvent bien qu'elle les a expiées) ont été retracées dans un ouvrage fameux : dans les *Lettres de Junius*. L'héroïne de ces aventures y est nommée miss Ann ou Nancy Parsons (1).

---

(1) Voici les détails que j'ai promis plus haut sur cet évènement :

Madame Parsons habitait une très-belle campagne près de Corbeil. Elle demanda, par son testament, que ses funérailles eussent lieu dans l'église du village. M. Marron fit une visite au curé, et lui présenta la demande, sur le succès de laquelle il comptait assez peu, comme il l'a dit depuis lui-même. Quel fut son étonnement de voir le curé, déjà instruit du désir de la défunte, s'y prêter avec le plus grand empressement. M. Marron ne pût s'empêcher de demander au curé s'il ne craignait pas de se faire une affaire avec ses supérieurs. Le bon curé donna à entendre qu'il n'aurait peut-être pas pris cela sur lui, mais qu'il avait obtenu

Mais, comme je l'ai dit, il n'était pas si facile de rendre le clergé traitable en matière de foi, que de lui imposer le devoir de veiller à l'exécution rigoureuse de la conscription. Un certain archevêque, pour trouver un argument plus fort en faveur d'une mesure dévastatrice de la population, se permit de dire que le Christ lui-même s'était soumis dans sa jeunesse à la conscription. Il y avait dans cette

---

l'adhésion, non pas de l'*évêque du diocèse*, mais des vicaires généraux de l'archevêché de Paris. Les ministres des deux cultes mirent de part et d'autre, dans cette affaire, une louable réciprocité de délicatesse.

Monsieur le curé proposa d'enlever de l'église les crucifix et ornemens transportables, mais de voiler tout ce qui ne pourrait être déplacé. M. Marron s'y refusa. Les protestans, dit-il, ne rendent point de culte aux images, mais cependant ils les respectent; d'ailleurs, la disparition de ces objets pourrait donner de l'inquiétude aux simples et naïfs villageois, et nous faire regarder comme des athées : laissez donc vos images et vos tableaux.

Pendant la cérémonie, le curé et les desservans des environs se placèrent dans l'œuvre, avec les autorités municipales.

Tous les assistans, catholiques pour la plupart, lisaient les prières des morts, et récitaient des *de profundis* pendant que les ministres protestans répétaient à peu près les mêmes psaumes en français. (*N. du t.*)

allégation, mauvaise foi ou ignorance grossière. Le prélat traduisait par conscription le mot d'*inscription* ou de dénombrement qui eut lieu sous Auguste, lorsque Cyrénius était gouverneur de la Syrie, et qu'il força Joseph à se rendre à Bethléem, avec la vierge Marie. A cette époque la mère du Sauveur portait déja Jésus dans ses entrailles sacrées.

Ainsi le zèle du prélat allait si loin, qu'il étendait la conscription à des femmes enceintes ou à des enfans non encore nés; tandis que son empereur se bornait à appeler sous les drapeaux les jeunes garçons de dix-huit ans, que, dans son langage inhumain, il appelait de la *chair à canon*.

Le pape retourna à Rome, et ne dut pas s'y montrer plus complaisant qu'il ne l'avait été aux Tuileries. En conséquence, Buonaparte commença l'exécution de ses projets par s'emparer de la personne du Saint-Père, et par le constituer prisonnier.

Le tourbillon de la guerre et des conquêtes entraîna ensuite Buonaparte, et ne lui permit pas de suivre ses plans de réforme ecclésiastique (1); il renonça aux affaires de contro-

---

(1) On annonçait alors hautement le dessein d'abolir

verse pour ne s'occuper que de sacrifices à Teutatès, sa divinité domestique et de prédilection.

Mais tandis qu'il se berce du projet gigantesque de planter ses étendards sur les remparts de Moscou, revenons au récit de ses dernières aventures.

Il était clairement démontré, au mois de mai 1815, que les bienfaits chimériques d'une nouvelle constitution devaient être payés par le sacrifice de la vie d'une multitude de Français et de la fortune de tous. N'étant pas sûr de trouver dans l'intérieur, l'appui et les ressources nécessaires, il essaya de se ménager des intelligences au dehors.

Ses partisans comptaient beaucoup sur la diversion de son beau-frère Murat, assis alors sur le trône de Naples (1). Celui-ci, sous prétexte

---

ou de mitiger la confession auriculaire, et de permettre le mariage des prêtres. Il était question aussi de modifier l'explication du dogme de la transsubstantiation, et de la rapprocher de celle que donnent Calvin et Luther du même mystère. C'est pour cela que, sans empêcher la procession de la fête Dieu, dans la plus grande partie de la France, Buonaparte y mit des entraves dans les principales villes. (*N. du t.*)

(1) *Voyez* les détails très-curieux sur ce roi de la fabrique de Buonaparte, dans l'ouvrage qui vient d'être

d'assurer la liberté et l'indépendance à l'Italie, s'était mis en marche avec une armée formidable et bien disciplinée, vers les états septentrionaux de la péninsule, lesquels étaient échus en partage à la maison d'Autriche, par les opérations du congrès de Vienne.

Dans un moment où les princes de l'Europe se partageaient les pays ou plutôt les hommes, comme des troupeaux, en les comptant par milliers d'ames, on pouvait espérer quelque succès d'un général qui ressusciterait la vieille cause des droits de l'homme et de l'indépendance des peuples.

Déjà Murat avait forcé le pape de quitter la capitale du monde chrétien. Peu satisfait de cette conquête facile, il voulut se mesurer avec les armées d'Autriche, qui s'étaient détournées de leur route vers la France pour observer ses desseins : mais il fut défait dans plusieurs engagemens successifs, contraint de chercher son salut dans la fuite, et il apprit en débarquant sur les côtes de France, qu'il n'était plus pour lui de royaume.

La perte ou le gain d'une couronne, dans

---

récemment publié : *Vie publique et privée de Joachim Murat*, etc., in-8°. Paris, J. G. Dentu. (*N. du t.*)

ce siècle fécond en prodiges, ne semble importante que pour les parties qui y sont directement intéressées. Il n'en fut pas de même de cet incident; les alliés se voyaient par-là des forces imposantes à leur disposition. Murat était regardé par les augustes chefs de la famille européenne, comme indigne du trône, comme un homme qui tôt ou tard devait en être expulsé. Buonaparte lui-même le trouvait coupable, parce qu'il avait été malheureux. Cependant Murat, qui perdait sa couronne pour avoir cédé à ses instigations, pouvait bien lui dire, avec le poëte anglais :

Faults I may have to heaven, but none to thee.
Criminel envers Dieu, je ne le suis point envers toi.

Murat s'était comporté à Naples avec autant de douceur qu'il était possible de l'attendre d'un usurpateur : il s'efforçait d'y faire le bien, et y était parvenu en plusieurs circonstances. Peu à peu, les maux dont cette contrée avait été accablée pendant la révolution, se réparaient. D'un autre côté, le parti qu'avait pris Murat dans la grande alliance de l'Europe en 1814, ses traités avec les principales puissances, pouvaient faire croire que le congrès le traiterait avec faveur.

On pouvait regarder Murat comme un assez bonhomme de roi; mais il n'était point pourvu d'une grande dose d'intelligence. Il s'était préparé à la défense, s'il était attaqué; son armée était sur un pied respectable; il aurait pu conserver sa souveraineté s'il eût continué à jouer le même rôle que l'année précédente; s'il eût réuni ses forces à celles de l'Europe, contre celui qui en était le perturbateur commun (1). Malheureusement, il se laissa séduire. Buonaparte, méditant son évasion du lieu de son exil, lui persuada qu'en faisant sur le champ marcher ses troupes contre l'ennemi commun, c'était le moyen le plus efficace, non-seulement de s'assurer la paisible possession de son trône, mais encore de rendre l'Italie indépendante.

L'expédition de Murat contre les Autrichiens finit comme on devait naturellement l'attendre de l'infériorité de ses forces : ce n'était pas avec de si faibles mesures qu'on pouvait proclamer la liberté des Italiens. Ce peuple était

(1) L'auteur anglais tombe dans d'étranges contradictions avec lui-même, à l'égard de ce misérable. Le principe de la *légitimité* établi, Murat devait quitter Naples : sa turpitude l'en a chassé. Ainsi les *destins se sont accomplis*. (*N. du t.*)

trop excédé de révolutions pour confier ses destinées à un général tel que Murat, ou à un protecteur tel que Buonaparte.

Il n'y avait donc plus d'espoir de secours extérieur. L'Autriche, au lieu de marcher au secours de Napoléon, s'étant positivement déclarée, par un coup de vigueur, contre le beau-frère, Buonaparte se vit abandonné à lui-même; il ne lui resta d'autres ressources que l'armée et les sans-culottes de Paris; encore faut-il dire que l'apparition de l'*acte constitutionnel* lui avait beaucoup fait perdre dans l'esprit des *bons citoyens*.... Les uns le regardant comme un apostat, sentaient leur zèle se refroidir; les autres ne recevant plus de rétribution, ne vociféraient plus avec la même fureur. Pour surcroit de calamité, cette classe turbulente ne pouvait reprendre le cours de ses travaux, puisque tous les ateliers étaient fermés et le commerce suspendu. Leur séjour à Paris était dangereux, et nécessitait toute la surveillance de la garde nationale. Un petit nombre fut salarié par le gouvernement pour travailler aux fortifications autour de Paris; les autres s'enrôlèrent dans les corps francs, pour protéger les environs de la capitale contre les troupes légères de l'ennemi.

Ces corps francs étaient des bandes de volontaires levés par des chefs commissionnés de la police. On les avait institués dans la dernière campagne, afin de protéger les communes rurales contre le pillage des Cosaques. Les journaux étaient alors remplis de récits lamentables des déprédations et des actes de violence commis par ces *barbares*. On y faisait voir que toutes les horreurs de la guerre retombaient sur les habitans paisibles; des certificats délivrés par les municipalités en faisaient foi. Tout cela avait pour objet d'encourager les citoyens de Paris à la résistance, de peur que le même sort ne leur fût réservé. On mettait peu d'adresse dans la plupart de ces relations. On parlait des excès des Cosaques dans les pays où les Cosaques n'avaient point pénétré. Souvent ces désastres avaient pour auteurs les corps francs eux-mêmes (1).

(1) Nous renvoyons le lecteur à l'ouvrage que nous avons publié en 1814 : *Campagnes de Buonaparte* en 1812, 1813 et 1814, etc. (1 volume in-8°. Paris, J. G. Dentu.) Il y trouvera des détails curieux sur ces *corps francs*, dont le chef, Simon, graveur au Palais-Royal, est aujourd'hui à Bruxelles.

On a vu ce même Simon remettre à plusieurs journaux, peu de jours après le 20 mars, le détail de l'arrestation qu'il fit des équipages de Monseigneur le duc

Quelques brigands allaient jusqu'à prendre l'accoutrement des Cosaques; il était d'autant plus facile à imiter, que ces troupes légères n'ont point, à proprement parler, d'uniforme.

Voici un fait assez curieux à ce sujet : Un soi-disant chef de Cosaques prenant le nom de Rusky-Mussy, infestait les environs de Meaux, levait des contributions dans les villages, et enlevait tous les meubles, tous les effets des maisons où il établissait son quartier-général. Le propriétaire d'une jolie maison de campagne, colonel d'un régiment de ligne stationné à Meaux, en eut connaissance. Il s'avança pour reconnaître l'ennemi, et admira la dextérité avec laquelle on déménageait sa maison, pour en placer les effets sur des kibitks ou charriots à la manière russe. Bientôt il fit venir son régiment, cerna la maison et fit prisonnier le général Rusky-Mussy avec toutes ses troupes. Les prétendus Cosaques n'étant autres qu'une

---

de Berry à St.-Denis. Ce chef de corps francs est frère d'un autre Simon, aussi graveur en 1793, au Palais-Royal, galeries de bois, et un des membres les plus sanguinaires du comité révolutionnaire de la section de la Butte-des-Moulins. Il est mort depuis plusieurs années. (*N. du t.*)

bande de voleurs échappés des prisons, furent pendus aux arbres le long de l'avenue de la maison de campagne.

Les Cosaques du nord, quoique le pillage leur fût permis, se montraient susceptibles d'une vraie sensibilité. Une anecdote par laquelle je terminerai ce chapitre rempli de digressions, en fournira la preuve.

Lorsque les Français eurent évacué Troyes, au commencement de mars 1814, un régiment polonais, faisant partie de l'avant-garde de l'armée russe, marcha sur Fontainebleau. Ces troupes furent cantonnées dans un village voisin, et y commencèrent des désordres qui, sans utilité pour elles-mêmes, eussent occasionné des torts considérables aux propriétaires. En effet, les soldats s'amusaient à couper les digues des étangs remplis de poissons, ou à détruire les écluses.

Pendant que les soldats se donnaient ce passe-temps, et que les officiers les regardaient faire, ils furent bien surpris de s'entendre tout à coup apostropher dans leur langue, par un homme habillé en riche fermier. Ils s'arrêtèrent et considérèrent l'étranger avec étonnement. Cet homme fit des représentations sur les dégâts inutiles que les Polonais se permettaient, et leur ordonna de se retirer. Les officiers s'avancèrent : ils furent tancés à leur tour.

« Messieurs, dit l'inconnu, lorsque je com-
« mandais l'armée dont votre régiment fait par-
« tie, je punissais sévèrement les actes que
« vous semblez autoriser par votre présence.
« Ce n'aurait pas été sur les soldats, c'eût été
« sur vous que j'eusse fait tomber le châti-
« ment. »

Être ainsi réprimandé par un fermier français, dans leur langue maternelle, dans de telles circonstances, et avec de telles expressions, c'était plus que les officiers polonais n'en pouvaient supporter. Ils remarquèrent en même temps que les paysans qui entouraient l'orateur, avaient la tête nue et le serraient de près, comme pour le défendre en cas de voies de fait, tandis que les plus anciens soldats considéraient l'étranger avec des regards inquiets, et semblaient agités d'un tremblement involontaire. Ils le conjurèrent plus positivement, mais avec respect, de dire qui il était. Alors le prétendu paysan, essuyant les larmes qui coulaient de ses yeux, dit d'une voix étouffée : « Je suis Kosciusko. »

Ce nom produisit l'effet d'une commotion

électrique. Les soldats se prosternèrent, les bras croisés sur la poitrine, à la manière de leur pays, et couvrirent leur tête de sable. C'était un pur hommage du cœur. Kosciusko revint à la maison de campagne qu'il habitait, non loin du lieu de cette scène, et y trouva un poste russe pour lui servir de sauve-garde.

En effet, l'empereur Alexandre ayant appris du général suisse Laharpe, que le célèbre Kosciusko résidait dans ce pays, lui avait envoyé une garde d'honneur. Tout le pays d'alentour fut à l'abri du pillage et même des contributions de guerre.

C'était dans ce modeste asile que Kosciusko vivait depuis plusieurs années, après avoir rejeté toutes les offres de Napoléon. Il le connaissait trop bien pour s'attacher à sa fortune.

Un jour j'allai voir Kosciusko pour lui faire mes adieux, ayant lu dans le moniteur du matin que Buonaparte l'avait nommé commandant des troupes du grand duché de Varsovie. On y publiait en même temps une proclamation signée de lui, pour engager les Polonais à recouvrer leur liberté. Kosciusko se mit à sourire de ma crédulité : pour toute réponse je lui montrai le moniteur. « C'est une imposture, « c'est une fausseté, s'écria-t-il ; Buonaparte

« me connaît trop bien pour m'insulter au point « de m'offrir une part dans la spoliation qu'il « projette (1) : nous ne nous entendrions pas « plus sur la Pologne que sur d'autres matières « politiques (2).

---

(1) Dans la conversation curieuse que Buonaparte eut à Varsovie avec M. de Pradt, après les terribles évènemens de Moscou, de Smolensk et de la Bérésina, Napoléon eut le courage de dire que la création du royaume de Pologne était une *fantaisie* qu'il aurait voulu se passer. (*N. du t.*)

(2) Il est certain que le général Kosciusko, indigné de cette proclamation mensongère, fit des démarches près des journaux, pour la désavouer. On le renvoya au ministre de la police, lequel dit qu'il ne pouvait permettre cette rétractation publique, avant d'avoir reçu des ordres de Napoléon. Les ordres n'arrivèrent pas. (*N. du t.*)

CHAPITRE VIII.

Assemblée du Champ-de-Mai.—Discours prononcé au nom des électeurs.—Derniers efforts des républicains en faveur des *idées libérales*.

L'ÉPOQUE du Champ-de-Mai approchait. Il n'était pas permis de croire que Buonaparte songeât sérieusement à rétablir une assemblée véritablement féodale, connue dans les premiers siècles de la monarchie ; assemblée dans laquelle le monarque délibérait avec les grands vassaux de la couronne et les principaux chefs du clergé, sur les intérêts de la couronne, sans que le tiers-état y fût en aucune manière représenté.

Cependant, à ces mêmes époques, le Champ-de-Mai pouvait être considéré justement comme représentation nationale. La propriété des biens était à peu près exclusivement dans les mains des grands personnages qui y figuraient. Le reste du peuple, à l'exception de quelques petits propriétaires ou habitans des villes, se composait de serfs attachés à la glèbe.

Mais Buonaparte savait que cette dénomination magique aurait au moins l'effet de piquer la curiosité. Qu'est-ce que le Champ-de-Mai ? se demandaient les Parisiens. C'était une institution antique, par conséquent *nouvelle*. On les assurait qu'il s'agissait d'y consacrer leur liberté ; et le point essentiel, c'était un spectacle offert à leur amusement.

Vingt-cinq ans de révolution ont donné aux Français des dispositions si inquiètes, qu'il faut sans cesse quelque chose de nouveau ou d'étrange pour occuper les esprits, et remplir le vide de leurs occupations ordinaires. Une vie monotone et toujours égale leur paraît insipide.

Ce qui n'a pas peu contribué aux succès de Buonaparte, c'est que, dans tout le cours de son règne, il eut toujours quelque chose de neuf pour alimenter la curiosité des Parisiens. C'était le bulletin d'une bataille, le récit empoulé d'une victoire, la description d'une entrée triomphante dans une des capitales du nord. La tranquillité parfaite qu'on avait éprouvée pendant les dix mois du règne de Louis XVIII, tranquillité qui donnait les espérances les mieux fondées, ressemblait au silence des tombeaux. Enfin tout Paris se promettait de se rendre en foule au Champ-de-Mai.

Les électeurs qui étaient accourus des départemens pour assister à cette solemnité, eurent la mortification d'apprendre que l'ouverture du Champ-de-Mai était remise au mois de juin. Le plus grand nombre voyant qu'il ne s'agissait d'autre chose que de faire des recensemens de votes, c'est-à-dire des règles d'arithmétique, et qu'on ne daignait pas les consulter sur les changemens introduits dans les constitutions impériales, ne voulurent point perdre plus de temps, et retournèrent dans leurs foyers, avant ce rassemblement dérisoire. D'autres, ayant moins d'affaires ou plus de curiosité, formant à peu près la dixième partie de tous les électeurs convoqués, restèrent à Paris jusqu'au 1er juin.

Un vaste amphithéâtre avait été bâti en charpente pour cet objet, dans le Champ-de-Mars, devant la façade de l'Ecole-Militaire. Les gradins pouvaient contenir environ quinze mille personnes assises et à l'abri des intempéries de l'air. Ces places étaient réservées aux électeurs (1) et aux députations militaires.

(1) Afin d'avoir chambrée complète, on distribua plusieurs milliers de billets à des spectateurs bénévoles. Je connais un spectateur parisien qui fut admis dans le cirque comme député de l'Aveyron. Il fut d'abord un

Les tertres placés tout-au-tour du Champ-de-Mars furent remplis de spectateurs, et tout l'espace intermédiaire fut occupé par la cavalerie.

Un autel avait été disposé en face du trône pour célébrer l'office divin et chanter un *Te Deum*.

Des assemblées partielles avaient été tenues les jours précédens pour vérifier les votes des départemens; et l'assemblée centrale établie au palais Bourbon, dans la chambre des députés, avait procédé au prétendu recensement général. Le fait est que tous ces calculs avaient été faits d'avance par les commis du ministre de l'intérieur, et qu'on y crut sur parole. Toutes les fonctions électorales se bornaient à faire

---

peu embarrassé de sa personne, lorsque ses voisins lui parlèrent de Rodez et d'autres villes de ce département où il n'avait jamais mis le pied; mais bientôt ce charlatanisme ne fut un mystère pour personne. Quoique les compartimens de l'amphithéâtre fussent soigneusement étiquetés par départemens et arrondissemens, on s'y plaçait au hasard et pêle-mêle. Au moment du discours, les présidens seuls des commissions auraient dû s'approcher du trône; mais on s'y rendit sans distinction. Le rédacteur qui rendit compte de cette cérémonie dans la Gazette de France, prit la liberté de signaler ces abus. (*N. du t.*)

retentir la salle de beuglemens, c'est-à-dire de cris de *vive l'empereur!* toutes les fois qu'on annonçait que dans tel département l'*acte additionnel* avait été accepté à une *immense majorité* (1).

Buonaparte se vantait d'avoir été nommé empereur par quatre millions de citoyens. C'est une chose qu'il serait impossible de vérifier; mais quel que soit le nombre apparent, ce n'est pas un motif pour la validité des opérations. Non seulement on ne prit jamais de précautions pour vérifier la capacité des votans, mais même pour s'assurer de l'identité des individus qui allaient signer un nom vrai ou supposé.

Le scrutin sur l'*acte additionnel* ne fut donc pas moins vicieux que celui relatif à la constitution précédente. Il y a cela de remarquable que, malgré toutes les manœuvres de Buonaparte et de ses partisans, le nombre des votes déclaré à l'assemblée, ne s'éleva qu'à environ

---

(1) On n'osa point publier les votes de onze départemens, notamment du département du Nord et de quelques autres, dans lesquels la majorité, il faut le dire, était, comme cela devait être, en faveur de l'*acte additionnel*, mais dans lesquels cependant elle se trouvait contrebalancée por une minorité imposante.

(*N. du t.*)

un quart de celui qui avait été voté pour la dignité impériale de Napoléon.

Lorsqu'on eut proclamé, devant l'assemblée du Champ-de-Mai, l'acceptation de l'*acte additionnel*, Buonaparte prononça un discours où il déclara « qu'empereur, consul et soldat, il tenait tout du peuple ; que, comme ce roi d'Athènes, il se serait volontiers sacrifié pour son pays. »

On aurait pu répondre que le sacrifice qui lui était imposé par les souverains réunis à Vienne, n'était pas à comparer à celui qu'un oracle avait exigé de Codrus ; il est très-bien prouvé qu'il ne se sentait pas capable d'un pareil dévouement.

Napoléon arriva au Champ-de-Mars à une heure. Ses trois frères, Joseph, Lucien et Jérôme prirent place à côté de lui. Les principaux acteurs de ce mélodrame se montrèrent, en quelque sorte, sur l'avant-scène, détachés de tout ce qui les entourait, par leur costume bizarre (1).

(1) Ici mademoiselle Williams répète, d'après M. Gallais, que Buonaparte et ses frères étaient en costume romain. C'est une erreur : le premier avait de légers vêtemens de soie et de satin, semblables à ceux que portent les chevaliers du moyen âge dans les mélodrames,

La cérémonie commença par une grand'-messe, suivie d'un discours prononcé par un des électeurs. Un M. Dubois fut choisi, à cause de sa voix de *Stentor*, pour prononcer la harangue, mais il n'en était point l'auteur (1).

---

sur le boulevard. Lucien, Jérôme et Joseph portaient un court manteau blanc parsemé d'abeilles d'or. Le manteau de Buonaparte était de couleur cerise, un peu plus long et un peu plus ample, mais ne ressemblait nullement au manteau du sacre, lequel, à cette même époque, voyageait en Angleterre. Enfin, ces quatre personnages avaient des toques ou chapeaux de velours noir à plumes blanches. Cette coiffure n'a jamais été celle des Romains. (*N. du t.*)

(1) Les journaux ont attribué cette composition à M. Carion-Nizas. On a prétendu aussi qu'elle avait été revisée par Barrère. Elle avait été lue la veille dans la salle de la chambre des députés, en présence des commissions centrales des électeurs. Il s'y trouvait un paragraphe très-remarquable, qui en fut supprimé par les membres du bureau chargé de la révision. Le rédacteur de la Gazette de France, à qui il ne fut pas plus possible qu'aux autres journalistes d'entendre un mot du discours prononcé par M. Dubois, à cause de l'éloignement et de la foule, rapporta précisément (quoique sans intention maligne) le passage qui avait été réformé, mais que lui avait fidèlement transmis une des personnes présentes au comité central. On disait, en substance, dans ce passage, que les circonstances

Ensuite M. Cambacérès (qui prenait encore le titre d'archi-chancelier de l'empire, quoique l'*acte additionnel* ne reconnût point de dignitaire de cette espèce) déclara que la nouvelle charte avait été acceptée par la presque unanimité des citoyens. Buonaparte prononça le discours dont nous avons cité la première phrase; puis il signa l'*acte additionnel*, et jura, sur l'Evangile, de l'observer.

On a remarqué que, pendant toute cette cérémonie, Buonaparte conserva constamment la tête couverte devant les représentans de la nation, qui n'avaient point leur chapeau sur leur tête : il ne se découvrit pas même pour prêter le serment, comme s'il eût voulu braver à la fois le ciel et la terre.

Mais il faut l'absoudre de ces inconvenances. Ce n'était pas par fierté, mais par prudence qu'il conservait sur sa tête un chapeau doublé d'acier, et qui lui servait de casque (1). Ainsi

---

avaient pu seules engager la nation à accepter l'*acte additionnel*, malgré ses imperfections, que ce n'était pas le temps de disputer sur de vaines théories et de prétendues bases fondamentales. (*N. du t.*)

(1) Buonaparte ayant une attitude presque militaire, pouvait garder son chapeau sur sa tête; mais il ne se découvrit point pendant l'élévation, et ne fit pas même

sa tête n'était pas moins à l'abri des coups de feu que son corps, couvert d'une cotte de mailles.

Cette partie du cérémonial achevée, Buonaparte descendit du trône, se débarrassa de son manteau, s'avança vers une estrade au milieu du Champ-de-Mars, et distribua des aigles dorées à la troupe de ligne, à mesure qu'elle défilait devant lui (1).

Vous jurez, avait dit Buonaparte, de défendre ces aigles et de mourir en les défendant. Nous le jurons, répondaient ces guerriers, qui en effet devaient, pour la plupart, accomplir ce serment quinze jours après, aux champs funestes de Waterloo!

Buonaparte remonta dans sa voiture, et les

---

le geste que les militaires ont coutume de faire pendant la célébration du saint sacrifice.

Au reste, ce n'est pas ainsi que S. M. Louis XVIII se comporte en présence des deux chambres. Lorsque le Roi entre dans la chambre des députés, il a la tête découverte jusqu'à ce qu'il soit assis sur son trône; alors il se couvre, et se découvre ensuite pour saluer l'assemblée. Suivant l'usage, il remet son chapeau pour prononcer son discours, le garde pendant la prestation des sermens, et se découvre enfin au moment de sortir. (*N. du t.*)

(1) Carnot, soi-disant ministre de l'intérieur, avait présenté les aigles destinées aux gardes nationales *mobiles* des départemens. (*N. du t.*)

spectateurs retournèrent chez eux en se demandant encore ce que c'était que le Champ-de-Mai. En effet, ils n'étaient point encore rassasiés. La partie la plus importante de la fête, le superbe feu d'artifice représentant le départ de l'île d'Elbe, les illuminations et les autres réjouissances furent différées jusqu'au dimanche suivant, époque de l'ouverture du corps législatif.

Ainsi finit l'assemblée du Champ-de-Mai, dans laquelle on avait dépensé beaucoup d'argent pour amuser et tromper la nation, sans cependant y parvenir, car il n'y eut personne assez aveugle pour être dupe.

Quelques amis de Buonaparte, ou plutôt des amis du pays, lui avaient insinué, dans des épanchemens intimes, qu'il pouvait faire en effet de l'assemblée du Champ-de-Mai une scène de gloire véritable et immortelle pour lui-même. C'était de signer volontairement, en présence des représentans de la nation, une abdication nouvelle. On lui rappelait que l'Europe entière était aux portes de la France, que s'il résistait d'abord avec succès à cette coalition formidable, il succomberait en dernier lieu, que sa couronne et sa vie même deviendraient le prix de la paix (1).

(1) Nous avons malheureusement des raisons de

On employa toutes sortes d'argumens, dont le meilleur eût été le sentiment de sa propre

---

croire que le parti qui cherchait à se débarrasser de Buonaparte, ne songeait pas aux vrais moyens de rétablir l'ordre. Tout lui était bon, hors le prince légitime; qu'importait une nouvelle révolution, pourvu que le triomphe des *idées libérales* fût assuré ? C'était le jargon à la mode; on ne disait, on n'écrivait rien où ne figurassent ces mots vides de sens. Je dis vides de sens, car s'il existe quelque pays dans le monde où les *idées libérales* soient en pleine vigueur, c'est, sans contredit, en Orient. Les gouvernemens les plus despotiques nous offriront la mise en pratique de ces belles institutions si avidement désirées par une nouvelle secte de sophistes, la liberté illimitée de publier par écrit sa pensée, la *liberté individuelle* et la *responsabilité des ministres.*

En Chine, par exemple, la presse est libre; il n'y a point de censure préalable; mais une responsabilité terrible pèse sur la tête des auteurs et distributeurs. J'en dirais presque autant de la Turquie, où l'imprimerie n'est point en usage, mais où la composition et la distribution des manuscrits sont à peine surveillées.

La liberté individuelle y existe encore mieux; car on n'y connaît point de prison d'état : l'accusé, à peine arrêté, est traduit aussitôt *devant ses juges naturels*..., condamné et exécuté.

Quant à la responsabilité des ministres, on ne peut nier que les membres du divan de Constantinople et les mandarins chinois n'en fassent de temps à autres de terribles épreuves; tandis qu'en Angleterre, où cette res-

sûreté ; mais ce ne fut pas celui-là que l'on crut devoir présenter. On lui dit qu'un tel sacrifice deviendrait pour lui, dans tous les âges, la source d'une gloire impérissable. Pour consommer ce sacrifice, il ne fallait pas tant de préparation ; il lui suffisait de dire que voyant la France menacée d'une invasion cruelle, il abandonnait le trône, après y être remonté sans obstacle.

Si Buonaparte eût été capable d'une pareille action, il eût pour jamais imposé silence à ses détracteurs, au milieu de toutes les horreurs

---

ponsabilité existe nominativement comme une des plus belles prérogatives accordées à la nation par les lois fondamentales du royaume, il n'y a eu, je crois, qu'un seul exemple où elle ait été appliquée. L'infortuné Strafford, sous Charles Ier, en fut victime, et il était innocent !

Depuis, tous les grands personnages accusés de concussion devant le parlement d'Angleterre, ont été renvoyés absous.

La responsabilité *morale*, celle des fautes du ministère, est encore moins mise en pratique. L'année dernière, un membre du parlement disait avec dureté à un ministre qui voulait prendre sous sa responsabilité une mesure importante : « Eh ! que nous importe que la tête du noble lord tombe sur l'échafaud, si son imprudence plonge la patrie dans un abîme de maux irréparables ? » (*N. du t.*)

occasionnées par son invasion dévastatrice ; cette dernière scène de son existence politique eût brillé d'un pur éclat au milieu d'un horison chargé de nuages orageux et menaçans.

Mais reprenons la suite de notre récit. Le dimanche qui suivit la cérémonie du Champ-de-Mai (1), Buonaparte se rendit au corps législatif, avec un brillant cortége militaire (2). Il ne manqua point, dans son discours, de faire retentir les grands mots d'*indépendance*, de *droits du peuple*, de *liberté de la presse*; et il se retira.

Le soir du même jour tous les édifices publics furent illuminés. On tira, sur la place Louis XV, un superbe feu d'artifice, représentant le funeste vaisseau qui amena Buonaparte de l'île d'Elbe au port de Cannes. Quelques imbécilles se réjouissaient en répétant avec leur

---

(1) Autre inexactitude légère et bien pardonnable. L'ouverture solennelle du corps législatif, annoncée, en effet, pour le dimanche, ne put avoir lieu, parce que la chambre dite des *représentans* ne put terminer le samedi ses opérations relatives à la vérification des pouvoirs et à l'élection d'un président. La cérémonie fut différée jusqu'au mardi 6 juin. (*N. du t.*)

(2) Une partie de la garde était déjà partie pour l'armée, le lundi matin. (*N. du t.*)

empereur : *Le règne de la monarchie constitutionnelle est commencé !* Mais les gens sensés pleuraient d'avance les maux qui allaient fondre sur la patrie. Pendant que l'étranger s'avançait, la guerre civile désolait les côtes de l'Ouest. Buonaparte ne resta à Paris que le temps qu'il fallait pour recevoir l'adresse du corps législatif, en réponse au discours d'ouverture. Cette réponse offrait, dans sa rédaction, tant de difficultés, qu'il fallut plusieurs jours pour examiner les divers projets qui furent présentés, et adopter une adresse définitive.

Le premier acte de la chambre des représentans fut la nomination de Lanjuinais aux fonctions de président (1). Ce choix semblait

(1) L'*acte additionnel* portait que la chambre présenterait un premier candidat que Napoléon pourrait refuser. Dans ce cas, la chambre aurait présenté un second candidat que Buonaparte pouvait refuser encore ; mais il devait nécessairement accepter la troisième nomination. Ainsi, en supposant que Buonaparte eût refusé à la première fois Lanjuinais, à la seconde M. de Lafayette, messieurs les représentans se seraient vengés en nommant un personnage inepte ou tout à fait en opposition avec Buonaparte. Voilà pourquoi le choix de M. Lanjuinais ne fut pas rejeté. Buonaparte se permit seulement une mauvaise plaisanterie, en déclarant au

annoncer l'indépendance absolue de la chambre, puisqu'on ne pouvait guère en faire un qui fût moins agréable à Buonaparte.

M. Lanjuinais, au milieu des désastres et des périls de la révolution, avait su se concilier l'estime de tous les partis. Son aversion pour Buonaparte n'avait jamais été déguisée (1). Lorsque la faction des buonapartistes porta son chef à la dignité impériale, M. Lanjuinais, alors membre du sénat, fut indigné de la servitude de ses collègues. « Hé quoi ! s'écria-t-il « en pleine assemblée, livrerez-vous votre « pays à un Corse ! à un homme dont les com-

président d'âge, M. Debranges, qu'il ferait connaître sa détermination par un chambellan. M. Dumolard et d'autres se récrièrent contre l'irrévérence d'une telle formalité. Les Boulay et les Regnaud furent obligés de dire que c'était un mal-entendu. Mais ils donnèrent chacun de leur côté une version différente. (*N. du t.*)

(1) Lorsque M. Lanjuinais fut installé président, il adressa, selon l'usage, un discours à ses collègues, où il dit : *Vous me verrez toujours uni avec l'empereur, toujours dévoué au salut de la patrie.* Je sais de bonne part qu'il reprocha à plusieurs journalistes d'avoir mal rendu sa phrase, et de lui avoir fait dire : *Vous me verrez toujours dévoué à l'empereur et à la patrie.* Je dois ajouter que M. Lanjuinais fit cette observation deux ou trois jours avant que les résultats de la bataille de Waterloo fussent connus..... (*N. du t.*)

« patriotes étaient si méprisés des Romains, « qu'ils n'en voulurent pas pour leurs esclaves! »

Depuis le 31 mars, de nouveaux griefs avaient pu s'élever, et l'on s'attendait que sa nomination ne recevrait point la sanction du maître; mais l'intérêt même de Napoléon exigeait qu'il ne se brouillât pas avec le corps législatif. Il dévora son ressentiment, et ratifia le choix. Au reste, il se montra moins réservé avec la députation qui lui apporta l'adresse. « Vous pouvez, dit-il aux députés, méditer « sur la constitution que je vous ai donnée; « vous ferez fort bien de préparer des réglemens organiques, mais gardez-vous de toucher à l'arche sainte; l'expérience a fait connaître les dangers qui pourraient en résulter: « mes ministres vous diront le reste. »

Après avoir placé son *acte additionnel* sous la garde de la chambre des représentans et de la chambre des pairs qu'il venait de nommer, Buonaparte se prépara à entrer en campagne contre les ennemis qui déjà menaçaient les frontières.

Il ne se dissimulait pas que les exploits du duc de Wellington avaient un peu éclipsé les siens. Souvent, dans ses conversations familières avec ses maréchaux, il disait que Wellington était le second capitaine de l'Europe.

Dans sa retraite à l'île d'Elbe, il avait vu Wellington mis au-dessus de lui. « Jamais, dit-il « ensuite aux Tuileries d'un air satisfait, je n'ai « eu le bonheur de me mesurer avec Wellington; « je vais me *frotter* avec lui, et je vous en rendrai bon compte. » Tels furent les heureux pressentimens avec lesquels il se dirigea vers le Nord, en répétant d'un air triomphant qu'il allait se *frotter* avec Wellington.

Carnot, dans son rapport sur la situation de l'empire, avait porté les troupes de ligne à cinq cent mille hommes, et le montant total de l'armée à huit cent cinquante mille. Cet état de situation était fort exagéré. Carnot comptait, comme étant déjà sous les armes, les hommes demandés dans chaque département, ou ceux portés sur les listes dressées par les préfets, des gardes nationaux partis des différens arrondissemens. Comme ministre de l'intérieur, Carnot pouvait parler d'après les documens officiels; mais comme militaire il devait avoir une autre opinion (1). Il ne pouvait ignorer que les

(1) Cette fourberie atroce de la part d'un homme qui savait très-bien qu'il mentait effrontément, afin de prouver son dévoûment à l'usurpateur, est, à notre avis, un des grands crimes politiques que ce factieux ait commis. (*N. du t.*)

citoyens des villes, et sur-tout les villageois, incapables de résister à la force, s'étaient soumis aux ordres des préfets, mais que souvent on ne pouvait les contraindre à sortir du département. Le plus grand nombre de ces hommes levés en masse, s'évadait à la première occasion et retournait dans ses foyers (1). La première division, de quatre mille de ces *volontaires*, qui partit de Paris pour Nancy, sous l'escorte de la gendarmerie, était réduite à cinq cent trente en arrivant à Verdun. Celui qui les conduisait a dit à une personne de ma connaissance, qu'il comptait bien n'arriver à Nancy qu'avec la seule compagnie de grenadiers.

Le ministre, il faut en convenir, aurait dû être informé de ces défections, qui diminuaient considérablement la liste de deux millions cinq cent mille *quarante* gardes nationaux qu'il avait promis à Buonaparte.

Le rapport de Carnot, sur l'état de la France, ne fut pas agréable à Napoléon, à cause d'une exagération dont celui-ci probablement n'était pas dupe, et de réflexions tracées de main de courtisan, sur l'excellence de l'administration de Buonaparte comparée à celle des Bourbons.

(1) Ainsi que cela a eu lieu à Versailles notamment. (*N. du t.*)

Ce rapport se divisait en seize chapitres, sous les titres de *commerce, manufactures, marine, finances,* etc. etc. Dans chacun d'eux, la conduite du Roi légitime et de l'usurpateur étaient mises en parallèle, et l'avantage était toujours pour ce dernier.

Par exemple, le chapitre sur la garde impériale commençait en ces termes :

« L'Europe connaît la valeur et le sang-froid « de la garde impériale. La France n'a pas de « plus fiers remparts pendant la guerre, elle « n'a pas de plus bel ornement pendant la « paix... Ce noble corps a été traité par les « Bourbons avec haine et mépris (1). »

Qu'avaient fait les Bourbons pour encourir un tel reproche? Si la vieille garde, si ces bandes prétoriennes étaient un objet de jalousie et de haine, c'était bien plutôt vis à vis du

(1) L'habitude de vanter sans cesse cette garde, qui certainement était très-valeureuse, engagea quelques courtisans de l'usurpateur à faire placer au-dessus de l'hôtel des Cent-Suisses, où logeaient dans les premiers jours de leur arrivée les soldats de l'*île d'Elbe : Quartier des braves.* Plusieurs coups de sabre donnés entre les habitans du *quartier des braves* et les soldats des autres corps en garnison à Paris, déterminèrent à faire disparaître promptement l'enseigne. (*N. du t.*)

reste de l'armée, à cause de la supériorité de leur paie et de leur tenue.

Dans la suite de son rapport, le ministre vantait les acclamations unanimes qui avaient salué l'empereur Napoléon à son retour, comme s'il n'avait pas su, mieux que personne, quel était le prix de ces applaudissemens; quelle somme recevaient des journaliers, des enfans, pour aller, comme on disait, *à la criée* (1)? C'était le terme familier de ces admirateurs gagés.

Quelques personnes qui prétendent avoir été dans le secret de ce qui se passait dans la tannière de Buonaparte, à l'Élysée, prétendent que ce rapport, conçu en termes si flatteurs pour le public, n'était pas un rapport fait par le ministre à l'empereur, mais par l'empereur au ministre.

(1) Il est certain qu'à cette époque le prix des courses de commissionnaires était prodigieusement renchéri, la *criée* étant beaucoup plus productive. Les enfans étaient payés non-seulement par la police, mais par des curieux qui, désirant voir un peu plus tôt Buonaparte, leur donnaient quelque monnaie pour qu'ils l'appelassent par leurs cris. (*N. du t.*)

CHAPITRE IX.

Départ de Buonaparte pour l'armée du Nord.—Premiers bulletins.— Journée du 21 juin, à Paris.— Anecdote sur la bataille de Waterloo. — Autre sur la bataille d'Eylau, en 1807.— Délibération des chambres.

Buonaparte, débarrassé du soin des affaires administratives (l'installation des deux chambres n'étant pas la moins importante), réalisa ce qu'il avait annoncé, que *le premier devoir* des princes l'appellerait bientôt à la tête des armées.

Toutes les cérémonies préliminaires étant terminées, Buonaparte, joyeux d'avoir trouvé des esclaves dociles et fidèles, partit pour la Belgique.

Le prix de la victoire qu'on avait à disputer n'était pas d'un mérite vulgaire. La réputation des rivaux était faite depuis long-temps, et l'univers attendait avec anxiété le dénouement d'une sanglante tragédie. Les forces des alliés se concentraient. La guerre était inévitable. Jusqu'au dernier moment on protesta, dans des écrits officiels, que tout s'arrangerait à l'amiable. Quelques parties de la frontière du sud-ouest furent d'abord envahies ; mais c'était du côté du nord que le péril était le plus imminent, et Napoléon y dirigea ses principales forces. Dans la présomption qui l'animait, Buonaparte ne faisait aucun doute qu'il parviendrait à détruire les armées russes et prussiennes. Par-là il comptait frapper d'une salutaire terreur les autres coalisés, et les déterminer à rompre leur alliance.

Rien n'avait été négligé pour former une armée digne de porter le nom d'*invincible*. Des troupes d'élite tirées de différens corps, pourvues d'un immense matériel et marchant sous les ordres de Napoléon, excitaient au plus haut dégré la confiance des buonapartistes. La plupart ne doutaient point qu'ils ne revissent bientôt leur héros, conduisant en triomphe le général anglais prisonnier.

Les partisans du Roi ne pouvaient voir ces vastes préparatifs sans inquiétudes. Ils convenaient que, dans le premier moment, Buonaparte pourrait bien remporter l'avantage; mais en cas de défaite de l'armée anglaise, ils se reposaient sur les forces réunies pour consommer l'objet des traités (1).

(1) Telle était la force de l'opinion, que, pour se faire des abonnés, le journal l'*Indépendant* eut d'abord l'air

Napoléon, bouillant d'espoir, courut à la tête de son armée du Nord. Très-peu de jours

---

de prendre une couleur royaliste. Il publia des notes exactes et intéressantes sur les évènemens du midi. Les proclamations du Roi, les articles du Moniteur de Gand étaient insérés en entier, à la vérité avec des commentaires souvent injurieux, mais qui semblaient n'avoir d'autre objet que de faire passer la pièce principale; celle-ci était la seule qu'on lisait. Une déclamation grossière contre la famille des Bourbons, insérée dans la même feuille, sembla n'avoir d'autre objet que d'expier l'*indépendance* de quelques précédens articles. Ce morceau infâme a été attribué à M. T.... * Je ne puis l'en croire capable; je l'ai entendu au mois de mai 1814, au cimetière du P. Lachaise, prononcer, à l'occasion de l'anniversaire de la mort du célèbre et courageux Delille, une oraison funèbre où les plus brillans éloges étaient prodigués à l'auguste famille de nos Rois.

Enfin il n'est pas jusqu'au *Nain Jaune*, auquel tous les moyens d'avoir des abonnés étaient bons, qui n'ait cherché à prendre une couleur d'opposition. L'insertion entière et sans réflexion d'un imprimé intitulé *Buonaparte au 4 mai*, où se trouvaient des vérités fort dures, attira une célèbre disgrâce à l'un des préposés à la surveillance de l'esprit public.

On voulait aussi par-là faire parade de la prétendue liberté de la presse; d'autres rédacteurs qui se seraient permis de pareilles licences auraient été envoyés à Vincennes ou à Grenelle. (*N. du t.*)

* *Voyez* l'ouvrage qui a pour titre : *Les crimes de Buonaparte et de ses adhérens* (déjà cité), p. 103.

s'étaient écoulés depuis son départ, lorsqu'un matin, cent un coups de canon tirés à l'hôtel des Invalides, annoncèrent aux Parisiens ce qui était craint par les uns, espéré ardemment par les autres : la défaite totale des alliés. On attendait avec impatience les détails de cette victoire signalée. Les physionomies respiraient la joie ou le désespoir, suivant les sensations diverses qui agitaient les individus; mais personne ne doutait, sur la foi du canon des Invalides, que Buonaparte ne pût dire comme César : *Veni, vidi, vici.* Le bulletin fut enfin publié ; il était réservé et modeste : on y parlait à la vérité de victoire. Les royalistes pensèrent qu'il s'agissait tout simplement d'une affaire dont l'issue était douteuse. Les buonapartistes y virent du moins les prémices de succès plus décisifs, le gage de l'extermination prochaine des alliés; car le même rapport annonçait la continuation du combat.

Le lendemain, point de salves d'artillerie, point de bulletin. Les curieux se portèrent en foule au ministère de la guerre. Là, ils reçurent la communication officielle que les Français s'étaient encore immortalisés dans les champs de Fleurus; que l'ennemi avait été mis en déroute sur tous les points, que Blücher, avec ses Prussiens, s'était enfui à Namur, Wellington, avec les débris de l'armée anglaise, cherchait à gagner Bruxelles dans le plus grand désordre, et après avoir fait une perte incalculable.

On annonça dans le bulletin officiel qui parut plus tard, que la défaite des Prussiens était si complète, qu'on n'en entendrait point parler de sitôt. Quant aux Anglais, disaient les narrateurs : « Nous verrons, dans un jour ou deux, « ce que nous aurons à en faire.... *L'empereur* « *est ici!* »

Mais quels furent la rage, le désespoir, la confusion d'un parti, les transports et l'allégresse de l'autre, lorsque dans la matinée du 20 juin, après deux jours d'une attente pénible, on répéta de tous côtés dans la capitale, mais dans un autre sens que le bulletin : *L'empereur est ici!*

Ce mot disait tout. On ne demandait pas ce qu'était devenue l'armée. La présence de Napoléon à Paris était le moins équivoque de tous les bulletins. Il n'était pas besoin d'autre confirmation de sa défaite. On était depuis longtemps familiarisé avec ses lâches désertions. L'arrivée de Buonaparte était toujours le signal des plus affreux désastres. On publia dans l'après-midi un bulletin où se trouvait un long détail des différens combats livrés dans cette campagne de trois jours. Ces détails surpassèrent l'attente même qu'on s'était formée. Voilà donc, disait-on, le résultat de tant de préparatifs! voilà comment ce prétendu héros sait tenir ses promesses! voilà le résultat de toutes ses forfanteries! Son armée, dit-il, a été frappée d'une terreur panique! Est-ce ainsi qu'il croit faire oublier sa lâcheté personnelle, par une calomnie contre les victimes de son ineptie et de ses extravagances? Son armée a bravement succombé dans des attaques auxquelles la témérité du chef l'a exposée. Tandis que les généraux ennemis ont été la plupart blessés pour disputer la victoire, tandis que Wellington lui-même a vu de près la mort, Buonaparte s'est retiré loin du danger. Témoin de cette défaite, il s'est enfui promptement vers la capitale pour y porter la première nouvelle de sa propre honte.

Tels étaient les aveux et les reproches sanglans des Buonapartistes. En général les bons citoyens qui voyaient leurs prédictions, dirai-je leurs souhaits accomplis, mettaient une extrême décence et une louable réserve dans leurs discours. Ils craignaient encore les excès auxquels le désespoir pourrait porter les satellites du tyran. Des larmes de joie, des embrassemens silencieux, des actions de grâces adressées au ciel, tels étaient les signes visibles des sentimens qui les agitaient. Serait-il vrai ? serions-nous délivrés ? répétaient des milliers de voix.

« Soldats, » disait quelque jours auparavant Buonaparte, en passant une revue à Avesnes, « que nous veulent ces Saxons, ces Hanovriens, ces Belges, ces troupes de la confédération du Rhin, ces Russes et ces Cosaques ? Tous ces gens-là, éblouis par une prospérité d'un moment, ont perdu l'esprit. L'oppression et l'humiliation de la nation française n'est pas en leur pouvoir. S'ils pénètrent sur le sol de notre patrie, ils y trouveront leur tombeau. Tout Français qui a du cœur sent que l'instant de vaincre ou de périr est arrivé. » Dans l'exorde de cette harangue, il leur avait, suivant sa coutume, rappelé les exploits de Marengo, d'Austerlitz, de Friedland, de Wagram. On se mit aussitôt en marche, Buonaparte dépassa les frontières, en dépit des sages remontrances de ses meilleurs généraux. Les mouvemens rétrogrades des Prussiens furent regardés par lui comme une victoire signalée. La joie de se mesurer bientôt avec l'armée anglaise l'égarait. On tint dans la matinée du 18 juin un conseil de guerre. Buonaparte se rendit avec peine à l'opinion unanime de ses généraux, qui étaient d'avis de suspendre l'attaque; mais avant la fin du repas, auquel il les avait invités, le bruit du canon leur fit connaître quel cas il faisait de leur conseil. En effet, Buonaparte, dans un moment d'inspiration, avait fait secrètement distribuer les ordres, et les généraux furent obligés de se rendre à leurs postes respectifs.

« J'étais près de lui, m'a dit à Paris le général ***, nous nous trouvions sur une éminence et hors de la portée du canon. La surprise de Buonaparte en voyant la résistance de l'armée anglaise fut extrême, son agitation alla jusqu'à lui faire éprouver des mouvemens convulsifs. Sans cesse il prenait du tabac avec profusion et en quelque sorte par poignée. « Ces An-
« glais, s'écriait-il, sont des diables! voilà deux
« heures qu'ils devraient être entamés. » Avant que le coup décisif fût frappé, il me prit par le bras et me dit : « Allons, général, c'est une
« affaire faite, la bataille est perdue, retirons-
« nous. »

Cet homme, qui devait assez bien connaître

l'histoire, ne se souvint pas du beau trait de Scipion, gendre de Pompée. Lorsque Scipion, après avoir succombé en Afrique dans ses derniers efforts pour le parti de Pompée, eut mis à la voile pour l'Espagne, sa flotte fut cernée par une flotte ennemie : le vaisseau qu'il montait se rendit à des forces supérieures. Scipion, désespéré, se plongea son épée dans le sein. « Où est le général ? » demandèrent les soldats de César. « Le général est où il doit être, » répondit Scipion, et à l'instant même il expira.

Ce trait fait un contraste curieux avec l'issue de la mémorable journée de Waterloo. Les grenadiers de la vieille garde avaient juré de vaincre ou mourir ; les Anglais leur refusèrent la victoire, mais ne purent leur enlever le mérite d'une mort glorieuse (1). La forêt de Soignes fut

---

(1) Les malheureux que leur obstination aveugle faisaient périr au milieu d'une grêle de mitraille, ne cessaient, jusqu'au dernier soupir, de faire entendre les cris de *vive l'empereur!* sans peut-être y attacher de sens, et comme pour narguer les vainqueurs. *Cæsarem salutant morituri!* C'est l'histoire des soldats de tous les siècles. Ne vit-on pas, le 18 mars 1815, soixante soldats, un colonel et plusieurs officiers, se noyer aux mêmes acclamations sous les yeux de Buonaparte, quoique leur mort fût le fruit de son insensibilité et de son ridicule entêtement ? Le bateau qui les portait s'étant

leur tombeau. Les soldats étaient où ils devaient être ; mais qu'était devenu leur général?

Je n'aurai pas la témérité de tracer une description de ce combat, quoique j'aie eu plus d'une occasion de l'entendre raconter par des officiers des deux partis. Vous avez lu les diverses relations de cette affaire meurtrière. Ceux qui en étaient les acteurs en ont fait cinquante versions différentes. Chacun décrit les choses du point de vue où il a envisagé la scène (1).

Enfin, me dit un général français, j'ai servi vingt ans ; je n'avais pas encore vu les troupes anglaises : c'est, sans contredit, une armée de héros ; je suis encore dans l'étonnement de ce que j'ai vu. Et leur général, demandai-je, ce

endommagé, gagnait le rivage : « Camarades, s'écria Buonaparte, qui vit cette manœuvre, auriez-vous peur de vous mouiller ? » Des Français sont toujours prêts à accepter un pareil défi. Le bateau continua sa route et se submergea cinq minutes après. (*N. du t.*)

(1) L'ouvrage qui est lu avec le plus d'intérêt, le seul même qui soit complet, a pour titre : *Relation fidèle et circonstanciée de la dernière campagne de Buonaparte, terminée par la bataille de Mont-Saint-Jean, dite de Waterloo ou de la Belle-Alliance. Voyez* la 4e édition de cette Relation, à laquelle se trouve réunie celles que les Anglais ont donnée de cette mémorable campagne, 1 vol. in-8° orné de cartes et du *panorama* de la bataille. Paris, J. G. Dentu. (*N. du t.*)

général que votre empereur regardait seulement comme le second capitaine du monde ? Wellington, répondit mon interlocuteur, ah! ne lui comparez pas un insensé tel que Buonaparte. Les officiers français pensent presque tous de même. Accoutumés à entasser des monceaux de cadavres par l'inconcevable système *d'aller en avant*, ils admirent à quel point le général anglais est avare de sang humain (1).

Ce sytème de se porter toujours en avant est le grand secret de l'immense réputation de Buonaparte. On sait à quel point son esprit est superstitieux, avec quelle foi robuste il croit à l'influence de son étoile, à sa prédestination, en un mot, à ce qu'il appelle son *destin*.

C'était en vain que cette étoile pâlissait, que le destin semblait devenir inconstant, Buonaparte restait toujours plein de témérité. Le général *** (2), qui a été premier inspecteur de l'artillerie, m'a raconté l'anecdote suivante :

« Il fut un moment où l'on regardait la bataille d'Eylau comme entièrement perdue. « Général, lui dit Buonaparte, placez vos

(1) Pourquoi l'auteur anglais ne nomme-t-il pas ce général ? (*N. du t.*)

(2) N'est-ce point du général Sorbier dont il est ici question ? (*N. du t.*)

« pièces de façon à couvrir ma retraite; tout « est perdu, la victoire se déclare contre nous. « Vous allez voir avec quelle rapidité on perd « un empire. »

L'artillerie allait être placée, lorsque quatre divisions de cavalerie, qu'on n'attendait que pour le lendemain, arrivèrent tout à coup. La bataille recommença avec plus d'acharnement que jamais, et Buonaparte attribua à son destin les honneurs de la journée (1).

---

(1) Buonaparte peut avoir montré de la bravoure personnelle dans ses premières campagnes d'Italie; mais depuis il ne s'est pas exposé au point de recevoir la plus faible blessure. On a fort mal rapporté, même dans la plupart des ouvrages qui ont paru après le 8 juillet, la manière dont Buonaparte eut l'air de s'exposer au feu d'un détachement du 5e régiment, à Grenoble. Il n'est pas vrai que, voyant hésiter ce bataillon, il ait couru au galop au-devant de la troupe, en disant: Tirez, si vous le voulez, sur votre empereur, sur votre général. Il eut d'abord soin d'envoyer vers cette avant-garde une petite troupe de lanciers, qui firent à leurs camarades mille démonstrations d'amitié, sans crier *vive l'empereur!* et sans manifester d'autres sentimens que la joie de les revoir. Pendant que les deux troupes se confondaient, et que les rangs étaient rompus, Buonaparte arriva; ses lanciers le saluèrent par de vives acclamations, et l'infanterie se laissa entraîner par de funestes exemples. (*N. du t.*)

Toutes les fois que Buonaparte avait déserté son armée, il n'avait pas manqué de trouver des excuses (1). A son retour de Russie, il fit sourire de pitié, même son sénat servile, lorsqu'il attribua ses malheurs, non aux élémens, ni au courage de l'ennemi, ni à l'incendie de Moscou; mais aux funestes progrès de l'idéologie dont on s'était trop occupé, au lieu de lui envoyer des secours en hommes et en argent (2).

La perte de l'armée en Saxe (3) fut mise sur le compte d'un officier subalterne, d'un misérable caporal qui n'avait fait que suivre ses ordres, en faisant sauter un pont, afin de couvrir la retraite d'une partie de ses troupes (4).

---

(1) Un honnête habitant du faubourg Saint-Antoine, voyant Buonaparte passer à cheval, après son retour du désastre de Moscou, disait naïvement à un de ses voisins : « Mais l'empereur se porte bien, il a bonne « mine; il n'a pas du tout l'air honteux. »

(2) Les détails de cette malheureuse guerre se trouvent consignés dans le *Tableau de la campagne de Moscou*, 1 volume in-8°. Paris, J. G. Dentu, 1814. (*N. du t.*)

(3) Il a paru en Allemagne un ouvrage curieux, qui a jeté un grand jour sur cette déplorable affaire. Il a pour titre : *Batailles de Leipsick, depuis le 14 jusqu'au 15 octobre* 1813, etc., in-8°. Paris, chez le *même*, 1814. (*N. du t.*)

(4) Le général d'artillerie Montfort, alors à Paris, fut

Cette fois il s'avisa d'une explication qui lui réussit fort mal : ce fut d'attribuer le désastre actuel à la terreur panique de l'armée.

Arrivé à Paris à trois heures du matin, Buonaparte s'empressa de réunir ses conseillers (1).

---

inculpé grièvement. Il se plaignit d'un mensonge aussi atroce. On lui enjoignit de garder le silence, et de passer pour coupable. Sa fille même fut renvoyée d'Écouen. (*N. du t.*)

(1) Il paraît que Buonaparte descendit d'abord chez Lucien ou chez un de ses intimes, car il n'entra à l'Élysée que vers huit ou neuf heures du matin. Sa voiture de voyage était modeste. Le postillon n'ayant pas bien dirigé ses chevaux, fut obligé de s'arrêter un instant, et de prendre mieux ses mesures. Les curieux placés dans la rue, et dont l'attention était déjà excitée par le placement des gardes et des sentinelles, virent distinctement le voyageur. En effet, Buonaparte ne cherchait pas à se cacher; quand il fut au perron, il ne monta pas tout droit aux appartemens, il se mit un peu de côté pour donner des ordres, et tout le monde put se convaincre qu'il était *sauvé de sa personne* et bien portant. On répandait en même temps le bruit que son frère était blessé à mort, afin de faire croire que Buonaparte et ses principaux courtisans, qui n'ont pas reçu une égratignure, s'étaient trouvés au fort de la mêlée.

Madame Hortense arriva peu d'instans après son ci-devant beau-père, et arrosa ses genoux de ses larmes. Cependant elle le conjura de ne point perdre courage;

Il regardait comme nécessaire de frapper un grand coup, de faire quelque chose d'impo-

---

elle lui représenta que la France avait d'immenses ressources, que le sort d'une seule journée ne pouvait décider de celui d'un *grand homme*.

On aurait peine à croire, et encore plus à deviner la réponse que fit Buonaparte à de pareilles instances. Il relève sa belle-sœur, la considère quelques instans, et lui dit avec le plus grand sang-froid du monde : « Je « vous ai vue bien petite dans ce palais ; *vous étiez fort* « *jolie alors !* »

Il n'y a peut-être pas d'injure plus sanglante à faire à une femme de trente-deux ans, que de lui parler du *temps où elle était jolie ;* mais dans la circonstance, madame Hortense fut peut-être moins sensible au sarcasme en lui-même, qu'à l'inconcevable apathie qu'il décelait. Furieuse, elle sort du palais, et jure de n'y plus rentrer.

Sa rancune s'évanouit cependant, lorsqu'elle apprit que l'abdication et la retraite prochaine de Napoléon compromettaient son existence à elle-même ; elle brisa des meubles précieux, et s'emporta en injures contre les chambres, contre Regnaud (de Saint-Jean-d'Angely), qu'elle qualifia de plat valet, et tomba dans un état difficile à peindre ; mais elle assista au repas somptueux que Buonaparte donna à la Malmaison la veille de son départ pour Rochefort.

Cette dame est le dernier individu de la famille Buonaparte qui soit parti de la capitale. Elle chercha à intéresser auprès du Roi de France de grands personnages. Elle fit des efforts pour obtenir la conservation des

sant qui pût faire une diversion à la crise où l'on se trouvait.

Après beaucoup de délibérations, il imagina que la mauvaise impression serait dissipée, s'il marchait sur l'assemblée législative et se faisait proclamer dictateur. Lucien, son frère, était fermement de son avis; mais il y eut dans le conseil des personnes à qui ce coup d'état, à qui cette atteinte à la liberté publique parut funeste. Elles mirent en doute si l'on pourrait trouver des instrumens d'un pareil projet, soit parmi les jacobins, soit parmi les militaires eux-mêmes.

Cette discussion ne fut pas tellement secrète qu'il n'en arriva quelque chose à un membre

---

avantages que Louis XVIII avait assurés à elle et à son fils, en exécution du traité de Fontainebleau; elle chercha à persuader qu'elle n'avait vu qu'avec effroi le retour de Napoléon.

Retirée en Suisse, elle y remit sans difficulté aux envoyés de son mari, le fils qui avait fait le sujet d'une contestation très-grave entre les deux époux : elle avait cependant fait plaider au mois de février par son avocat qu'elle ne survivrait point à une telle séparation, si jamais elle était ordonnée par la justice. Le jugement rendu par les tribunaux français n'était qu'en premier ressort, et d'ailleurs n'était point obligatoire en Suisse. La remise a donc été bien volontaire. (*N. du t.*)

de la chambre des représentans qui avait trop d'expérience des révolutions, et trop de connaissance de Buonaparte, pour ne point sentir qu'il ne fallait pas perdre de temps.

M. de Lafayette, bien informé de ce que l'on projetait, courut à la chambre des représentans, qui s'était assemblée plutôt que de coutume, parce que le bruit de l'arrivée de Buonaparte circulait déjà dans tout Paris.

Il trouve le président occupé, suivant son usage, à corriger des fautes de grammaire et d'orthographe dans le procès-verbal de la séance de la veille. Laissez-là vos *errata*, s'écrie M. de Lafayette, il y a bien d'autres matières à discussion; ouvrez promptement la séance, et accordez-moi la parole.

La séance s'ouvre en effet, et M. de Lafayette paraît à la tribune.

« Représentans, dit M. de Lafayette, lors-
« que pour la première fois, depuis vingt-cinq
« ans, j'élève la voix que les vrais amis de la
« liberté reconnaîtront encore, je me sens
« pressé de vous parler des dangers de la pa-
« trie.

« De sinistres nouvelles se sont confirmées...
« Permettez à un vétéran d'une cause sacrée,
« toujours étranger à l'esprit de faction, de

« vous proposer quelques résolutions préli-
« minaires, dont chacun de mes collègues
« sentira la nécessité. »

A la suite de cette courte harangue, M. de La Fayette propose :

1° De déclarer que l'indépendance de la nation est menacée ;

2° De se constituer en permanence ;

3° De considérer comme crime de haute-trahison toute tentative pour dissoudre la chambre des représentans ;

4° D'inviter le ministre de l'intérieur à réunir l'état-major et les commandans de la garde nationale, de lui donner des armes et porter au plus grand complet cette garde citoyenne, dont le patriotisme et le zèle éprouvés depuis vingt-six ans, offrent une sûre garantie à la liberté, aux propriétés, à la tranquillité de la capitale, et à l'inviolabilité des représentans de la nation ;

5° D'appeler sur le champ dans le sein de l'assemblée, les ministres de la guerre, des relations extérieures, de la police et de l'intérieur.

Les propositions de M. de Lafayette furent adoptées avec quelques modifications. La garde nationale fournit un poste considérable à l'assemblée, sans attendre pour cela une loi. Quand aux ministres, ils mirent assez peu d'empressement à se rendre à l'invitation de la chambre.

Pendant ce temps-là, on délibérait au palais de l'Élysée sur le projet d'une dictature. Tout à coup Napoléon apprit que M. de Lafayette était à la tribune et qu'il haranguait l'assemblée. En cet instant, il prenait une tasse de café et en remuait le sucre avec sa cuiller. « Hé quoi, s'écria-t-il, Lafayette est à la tri- « bune! » A cet mots, il laissa tomber et la cuiller et la tasse de café (1). Toute discussion

---

(1) Buonaparte paraît avoir été coutumier du fait. Il lui arriva souvent de répandre une tasse de café lorsque des sensations violentes l'agitaient. Nous en voyons un exemple remarquable dans le Mémoire célèbre publié par M. Revel contre sa femme, sous ce titre : *Buoparte et Murat ravisseurs d'une jeune femme.*

On lit dans cette brochure que Buonaparte s'était rendu exprès à Neuilly chez madame Murat, afin de prononcer sur le différend qui s'était élevé dans le ménage au sujet d'une jeune et jolie lectrice (madame Revel), à laquelle Murat semblait prendre un intérêt trop vif.

« C'était à table, dit l'auteur du Mémoire, que de- « vait se prononcer l'arrêt. La coupable interdite et « les yeux baissés, attendait sa condamnation. Le juge

ultérieure sur la dictature fut ajournée, et l'on s'occupa de l'objet le plus pressant.

Toute relation entre Buonaparte et M. de Lafayette avaient cessé depuis plusieurs années. M. de Lafayette n'était pas sans devoir quelque reconnaissance à Buonaparte qui, par les traités de Léoben et de Campo-Formio, l'avait tiré des prisons d'Olmutz (1). A son retour en France, après le 18 brumaire, Lafayette, qui se faisait d'autres idées de la vraie gloire que Buonaparte, crut que celui-ci voulait établir la liberté : il ne tarda pas à revenir de son erreur, et refusa de prendre aucune part aux affaires publiques, quoique Buonaparte lui eût offert la place de sénateur.

Le vote négatif de M. de Lafayette contre le consulat à vie, acheva de les brouiller. Ce fut l'origine de cette fameuse lettre au

---

« l'avait long temps examinée en silence. Il s'approcha « d'elle, et par maladresse, distraction ou malice, il « répandit sur elle une tasse de café qu'il tenait à la « main. »

Cet incident, si l'on en croit M. Revel, amena, de proche en proche, la naissance d'un enfant qui fut nommé *Léon*, diminutif de *Napoléon*. (*N. du t.*)

(1) Nous en voyons la preuve dans la réponse de M. de Lafayette au ministre qui exigeait la remise de l'usurpateur. *Voyez* page 217. (*N. du t.*)

premier consul, qui s'est trouvée dans les papiers de M. Fox, et qui a été publiée à Londres il y a quelques années.

Lorsque Buonaparte se fut échappé de l'île d'Elbe, son frère Joseph sollicita Lafayette pour lui faire accepter la dignité de pair, et l'assura même que Napoléon l'avait mis le premier sur la liste. M. de Lafayette répondit que s'il se montrait de nouveau sur la scène du monde, ce serait comme représentant du peuple. Après avoir esquivé la pairie, il fut nommé dans son département, membre de la chambre des représentans (1).

(1) La disgrace de M. de Lafayette, à l'époque du consulat à vie, fut telle, qu'il lui était défendu, non pas de venir à Paris, mais d'y séjourner. Lorsqu'il eut le malheur de se casser la cuisse dans l'hiver de 1802, il fallut obtenir une permission spéciale de la police pour qu'il se fit traiter dans la capitale.

Au reste, non seulement M. de Lafayette, mais son fils Georges de Lafayette, furent élus membres de la chambre des représentans, et l'on ne conçoit pas trop ce qui leur fit ambitionner cette nomination. A la première séance, lorsque l'on fit en public le scrutin pour la désignation d'un président, les voix semblaient se partager entre M. de Lafayette et M. Lanjuinais. Les partisans de ce dernier eurent soin de faire rejeter du premier tour de scrutin tous les bulletins qui portaient

Il est plus que douteux que Buonaparte fût parvenu à se faire créer dictateur, quand même il n'eût pas été prévenu par la proposition de Lafayette (1). L'attitude ferme et imposante que prit ce jour-là l'assemblée, rendit toutes chances de succès improbable. On eut donc recours aux négociations. Les ministres que Buonaparte avait retenus au palais de l'Elysée, se rendirent à une seconde sommation. Lucien Buonaparte, qui les accompagnait en qualité

---

le nom de Lafayette, sans désignation de père ou de général, sous prétexte que les votans avaient eu peut-être son fils en vue. Un mauvais plaisant inscrivit sur son billet : Lafayette, *maire*. Il se trouva qu'ils étaient maires tous les deux. (*N. du t.*)

(1) Miss Williams semble donner ici à M. de Lafayette tous les honneurs de cette journée. J'ai la certitude que plusieurs membres avaient toutes prêtes des propositions semblables. Il est clair, en lisant dans les journaux du 22, les opinions émises à la tribune par MM. Flaugergues, Dupin, Manuel, etc. etc., que la majorité de l'assemblée avait déjà pris son parti. Mais cette assemblée fit une grande faute, dans les vues mêmes qu'elle se proposait : ce fut de solliciter humblement l'abdication de Napoléon, et de ne point prononcer sa déchéance : il était encore temps ce jour-là; mais le lendemain des troupes entrèrent dans Paris, et la salle se trouva, en quelque sorte, cernée.

(*N. du t.*)

de commissaire impérial, demanda un comité secret pour faire à la chambre d'importantes communications (1).

Son discours, prononcé à huis-clos, mais dont le public n'a pas tardé à avoir connaissance, commençait par un récit étudié des désastres qui avaient accablé l'armée. Lucien conclut en disant que l'empereur avait nommé trois de ses ministres commissaires pour traiter de la paix avec les puissances alliées.

On avait d'abord espéré que Buonaparte proposerait de lui-même de se retirer tout à fait du gouvernement. La conclusion du message causa donc une surprise universelle. Un des députés s'éleva en termes énergiques contre le projet de Napoléon de traiter de la paix, lorsqu'il était lui-même un obstacle invincible à sa conclusion. « Donnez-nous au moins, dit-« il, quelque idée de votre nouvelle politique.

---

(1) Les partisans de Buonaparte firent peut-être une grande faute à leur tour : ce fut de demander un comité secret. Je ne crois pas qu'on eût osé faire en public la proposition de déclarer Napoléon déchu. Quant aux désastres de l'armée, il n'y avait rien de neuf à apprendre. Le supplément du Moniteur, que Regnaud avait officieusement proposé de lire à l'assemblée, disait tout ce qu'il fallait. (*N. du t.*)

« Avez-vous formé un plan, combiné des me-« sures ? L'Europe a déclaré la guerre à Napo-« léon seul, ce n'est plus un secret. Montrez-« nous la profondeur de l'abîme, nous trou-« verons moyen de le combler; mais comment « Napoléon peut-il se promettre de sauver la « patrie ? »

Lucien avait tiré son frère d'un mauvais pas le 18 brumaire, il n'eut pas cette fois le même succès. Il invoqua vainement la générosité publique, la foi due aux sermens (1), et représenta qu'il fallait éviter le reproche de légèreté adressé à la nation française.

L'indignation de l'assemblée s'éleva à son comble. « Nous avons, dit M. de Lafayette, « suivi votre frère à travers les sables de l'Afri-

(1) Cinq jours auparavant, messieurs les représentans avaient juré une fidélité inviolable à Napoléon et à sa dynastie. Quelques-uns ne s'étaient pas même bornés à répéter fortement la formule : *Je le jure*. Ils l'avaient prononcée avec énergie, je dirai presque avec enthousiasme. Ce furent ceux qui se montrèrent les plus empressés à *terrasser l'ennemi à terre*. M. Regnaud (de Saint-Jean-d'Angely) et un général Solignac, se disputèrent l'honneur d'avoir, les premiers, sollicité l'abdication de Buonaparte. Dans la journée mémorable du 21 juin, ils trouvaient que la renonciation du chef arrivait trop tard. (*N. du t.*)

« que et les déserts de la Russie. Les ossemens « de nos compatriotes blanchissent les plaines « de presque toute l'Europe : ce sont des té« moins non équivoques de notre patience et « de notre fidélité. Si nous avons encouru de « justes reproches, c'est d'avoir montré trop « de persévérance, c'est d'avoir sacrifié vaine« ment trois millions de Français. Dites à « votre frère que la nation ne veut plus avoir « confiance en lui; que nous-mêmes, nous « entreprendrons le salut de la patrie. »

Lucien et les ministres n'eurent rien à répliquer à la gravité de ces observations (1).

---

(1) L'auteur se trompe. M. le maréchal Davout répliqua d'une manière invincible. Lorsque le comité secret fut levé, et le public réintroduit, il se leva, et dit, avec force : « Je profite de la présence du public « pour éclaircir un fait important. Au-dehors, les mal« veillans faisaient courir le bruit que je mettais des « troupes *en mouvement pour cerner l'assemblée*. Ce « bruit est injurieux à l'empereur, à son ministre et au « peuple français. Il est vrai que je fais évacuer les dépôts « de la Somme sur la Seine, mais les circonstances ren« dent ces mouvemens nécessaires. »

C'était dire très-clairement, et le ministre le répéta plus nettement encore le lendemain, que des troupes marchaient sur Paris. En effet, dès le lendemain on vit arriver dans les différentes casernes qui avoisinent

Les sentimens de l'assemblée n'étaient plus incertains. Ils furent les premiers à conjurer Buonaparte de résigner l'autorité usurpée.

Il y eut dans la même nuit un grand conseil aux Tuileries. Les ministres, les conseillers d'état et cinq membres de chaque chambre législative y assistèrent. Ce conseil fut présidé par Cambacérès, en l'absence de Buonaparte.

On y fit diverses propositions sur les moyens de défense et sur les ressources pour se procurer de l'argent.

Le principal objet de la conférence paraissait être oublié ou éludé, lorsque M. de Lafayette observa qu'on avait omis le moyen de défense le plus efficace, celui de l'abdication volontaire de Napoléon. Il proposa, en conséquence, de se rendre sur le champ auprès de Napoléon, et de lui faire à ce sujet toutes les représentations nécessaires. La motion ne fut point adoptée. Le conseil leva sa séance à trois heures du matin. Une partie de ceux qui y avaient assisté se rendit au palais de l'Elysée.

---

le palais Bourbon, des soldats qui, comme des forcenés, criaient *vive l'empereur!* C'est à ces mesures qu'il faut attribuer l'hésitation qui, dès le second jour, se montra dans l'assemblée, où il y avait beaucoup de gens bien intentionnés. (*N. du t.*)

Les ministres, et en particulier le duc d'Otrante, M. Benjamin-Constant et deux députés, firent sentir à Buonaparte la nécessité de se retirer du gouvernement. Napoléon persista dans son refus, jusqu'à ce qu'un des conseillers lui eût fait connaître que si l'abdication n'était pas promptement envoyée, M. de Lafayette ferait la motion de la déchéance. On lui donna du temps pour réfléchir.

La chambre dite des représentans ne voyant pas arriver la réponse promise, commença à perdre patience. On la pria d'attendre encore une heure : sa séance fut suspendue. Elle reçut enfin l'abdication formelle de Napoléon.

Ce fut alors que Buonaparte commença à sentir toutes les suites de l'échec irréparable de Waterloo, et la nécessité d'expier, par l'abandon du pouvoir, les torts qu'il avait eus comme général. Il était évident que l'abdication était pour lui le seul moyen d'éviter l'opprobre d'une déchéance. Cet acte apparent de vertu fut notifié aux deux chambres comme un noble sacrifice fait à la paix de la France et à la haine de l'Europe. Il est vrai que Buonaparte y mit une condition, ce fut la proclamation de son fils Napoléon, empereur des Français, sous le nom de Napoléon II.

L'assemblée, sans statuer sur la restriction relative à Napoléon II, accepta solennellement, au nom du peuple Français, l'abdication de Napoléon Buonaparte. Elle nomma une députation composée du président, des quatre vice-présidens et des quatre secrétaires, pour lui offrir ses remercîmens.

Ce fut un spectacle intéressant, me dit un des membres de cette députation, de voir neuf particuliers, sous la seule protection de l'opinion publique, entrer dans le palais de cet homme contre qui on avait armé un million de soldats, qui avait dicté des lois à tous les souverains du continent, qui avait encore à sa disposition les armées françaises, une garde formidable et des partisans nombreux dans les faubourgs, pour lui annoncer qu'il n'était plus empereur, et que la nation reprenait les rênes du gouvernement (1).

Buonaparte, pour recevoir la députation, était entouré de tous les grands officiers de sa maison et des généraux de sa garde; en un mot, de toute la pompe convenable au rang d'où il allait descendre pour jamais.

Sa figure, sa contenance étaient calmes. Il

(1) Rien n'était si simple : le charlatan était démasqué. (*N. du t.*)

dit qu'un grand désastre était arrivé, mais que le territoire se trouvait encore intact ; il parla du sacrifice qu'il avait fait au désir des chambres, aux circonstances actuelles et à *sa tendresse pour son fils*. .

Le président observa que l'assemblée, dont il venait de lire le décret, n'avait point délibéré sur cette partie de son message, mais qu'il rendrait compte de ses observations.

« Je m'y attendais, dit Buonaparte à part à « son frère. » Puis, élevant la voix, il dit : « Annoncez à l'assemblée que je lui recommande « mon fils. »

La députation se retira, en observant toujours les plus respectueuses cérémonies.

Quelles réflexions fait naître en foule le récit de semblables évènemens, qui se succédèrent avec une si inconcevable rapidité !

La députation, de retour à l'assemblée, proposa de mettre sous la protection de la nation française, la liberté et la vie de Napoléon. L'opinion générale était qu'il allait se rendre aux Etats-Unis. Bien certainement, s'il n'eût pas perdu de temps, rien ne lui était plus facile que de s'évader sur un vaisseau neutre, où on lui avait préparé une retraite au besoin (1).

(1) Il est certain qu'à cette époque, M. Barbier son

Mais il lui aurait fallu fuir avec une suite peu nombreuse : tel n'était point son projet. Il hésita, tergiversa, laissa les évènemens se presser : heureusement, pour les destinées du genre humain, il n'eut bientôt plus d'autre refuge que le *Bellérophon.*

Ce n'était pas, on doit en convenir, sans une sorte de dignité que Buonaparte avait reçu la députation du soi-disant corps législatif, mais il jouait évidemment un rôle. S'il avait résigné l'empire, il comptait encore sur la dictature.

Dès le premier moment de son arrivée il s'entretint à ce sujet avec un de ses ministres les plus éclairés, un de ceux qu'il croyait avoir détachés du parti républicain. « Ne puis-je pas, « lui dit-il, me rendre sur le champ devant les « chambres assemblées et me proclamer moi-« même dictateur ? Ces députés ne feront rien, « il n'y a pas de temps à perdre. »

« Il est physiquement possible, répondit le

---

bibliothécaire, acheta le Voyage de M. de Liancourt aux Etats-Unis d'Amérique. Le vaisseau américain que Buonaparte avait frêté pour son passage, s'est rendu dernièrement à Copenhague, où l'on montrait aux curieux des futailles matelassées destinées à soustraire à toutes recherches, Buonaparte, Bertrand et Savary.

(*N. du t.*)

« conseiller, d'exécuter ce que vous projetez ;
« mais soyez persuadé que votre puissance ne
« durera pas trois jours. » Il développa ensuite, à l'appui de son assertion, des raisonnemens auxquels Napoléon ne trouva pas de réplique.

Cependant, quelques jours après son abdication, l'idée de la dictature et en même-temps le souvenir des avertissemens qu'il avait reçus revinrent à son esprit. Les cris de *vive l'empereur!* que proféraient des fédérés autour de son palais, arrivaient jusqu'à lui. On l'entendit alors dire à voix basse : « Quoi! ce n'eût
« été que pour trois jours ! »

La condition de la nomination directe du fils de Napoléon pour remplacer son père, fut éludée avec toute l'adresse possible par les députés. La proposition en ayant été faite verbalement, la chambre passa à l'ordre du jour, motivé sur ce qu'un fils succédait de droit à son père, et qu'aucun acte jusqu'alors n'avait rien changé ni aux constitutions de l'empire, ni à l'*acte additionnel*. Cependant celui qui proposa cet ordre du jour (1) eut soin d'insinuer,

(1) Cette distinction subtile et par trop métaphysique fut imaginée par M. Manuel. Son avis termina une longue discussion dans laquelle, sans lui, la minorité probablement, mais enfin un nombre assez considérable

en même temps, que le salut de vingt millions d'hommes ne pouvait être mis en parallèle avec la fortune d'un enfant. L'assemblée ne crut pas que la prudence lui permît de faire une déclaration plus franche.

Quoique Buonaparte n'eût plus d'autorité légale, il n'en restait pas moins à son palais des Champs-Élysées, entouré de soldats et de populace, qui faisaient retentir l'air de leurs cris aussi odieux qu'absurdes. « *Vive l'empereur!* « disaient ces misérables; qu'on nous donne des « armes, nous soutiendrons notre empereur. »

Ces effusions de la tendresse populaire réveillèrent la sensibilité du héros déchu. On armait de toutes parts les fédérés, sous prétexte de défendre Paris, et Buonaparte semblait espérer un retour de fortune.

Les débats de la chambre des pairs ne furent pas aussi paisibles que ceux de la chambre basse. Une opposition se présenta du côté où l'on au-

---

de malveillans ou d'hommes timides, se seraient prononcés en faveur du petit Napoléon. Cependant tout le monde n'était pas en état d'interpréter au juste les décisions du club des représentans. Beaucoup de personnes crurent qu'on avait réellement proclamé Napoléon II. On osa le dire ouvertement à l'armée, et cela fit beaucoup de mal. (*N. du t.*)

rait dû le moins l'attendre. L'homme qui s'était déjà voué à l'infamie, par la trahison envers le Roi, le maréchal Ney, qui avait commandé l'aile droite de l'armée à Waterloo, se leva de son siége et se mit à démentir formellement un rapport que Carnot venait de faire sur la situation de l'armée. Ney (qui aurait pu l'imaginer!) eut pour adversaire l'homme qui l'avait précédé dans la carrière de la perfidie, et qui, quelques mois après, devait le précéder au lieu du supplice; Labédoyère, en un mot, qui le premier était accouru sous les bannières de l'usurpateur et lui avait ouvert les portes de Grenoble (1).

Labédoyère s'exhala en personnalités indirectes, mais évidentes, contre le maréchal Ney. « L'empereur, dit-il, a abdiqué en faveur de « Napoléon II. Qui donc s'oppose à cette réso-

(1) On ne peut malheureusement attribuer cette action de Labédoyère à un mouvement subit d'enthousiasme. La procédure instruite contre lui au conseil de guerre, démontre qu'au moment même de sa défection, il fit crever un tambour dans lequel se trouvaient d'avance une quantité considérable de cocardes tricolores qu'il distribua à ses troupes. Il avait également fait venir de Chambéry, dans une caisse, l'aigle de son régiment. Tout cela annonçait un complot prémédité.

(*N du t.*)

« lution généreuse? Les voix de ces hommes « qui toujours ont rampé aux pieds du souve- « rain tant qu'il fut heureux et triomphant? « Ces misérables, qui se sont éloignés de lui « dans son malheur, veulent repousser aussi « son fils!

« Mais si l'on refuse de reconnaître ce prince « impérial, Napoléon doit encore tirer l'épée; « il doit encore verser du sang. Entourés des « braves Français qui viennent de recevoir de « nobles blessures pour sa cause, nous nous « rallierons à lui. Malheur à ces *généraux vils*, « qui méditent, peut-être en ce moment, *de* « *nouvelles trahisons*.

« Je demande qu'ils soient traduits devant « les chambres, qu'ils soient jugés et punis de « manière à effrayer ceux qui voudraient dé- « serter les drapeaux; que leurs noms soient « livrés à l'infamie; que leur *famille soit pros-* « *crite;* que leurs *maisons soient rasées;* que « *jamais leur famille ne puisse remettre les* « *pieds sur le territoire français*.

« Nous ne voulons pas de *traîtres* parmi « nous (1). »

---

(1) L'histoire remarquera que ce même homme qui, dans la chambre de pairs de Buonaparte prit un ton

On voulut l'interrompre. « Napoléon, dit-il, « a abdiqué, il a eu raison. La nation l'aban- « donne parce qu'il est malheureux : elle n'est « pas digne de lui. »

Le discours de ce Séïde fut interrompu enfin par Masséna. Jeune homme, dit-il, vous vous oubliez. M. de Lameth sécria : M. Labédoyère s'imagine être au corps-de-garde.

Après ces invectives, prononcées de part et d'autre, la discussion fut ajournée au lendemain, et rien ne fut décidé sur Napoléon II.

Il était impossible de traiter les affaires publiques sans un gouvernement exécutif. Cinq personnes furent nommées pour prendre les rênes de l'administration, dans le peu de jours qui devaient s'écouler jusqu'à l'arrivée des Anglais.

Les cinq commissaires nommés furent M. Fouché, duc d'Otrante, ministre de la

---

d'énergumène, montra devant ses juges des sentimens tout opposés. Il avoua ses torts, montra un repentir sincère, se reprocha de n'avoir pas su apprécier le gouvernement et les vertus personnelles de Louis XVIII, demanda que sa famille ne fût pas vouée au déshonneur, et termina, en exprimant le désir que son funeste exemple pût rallier tous les Français autour du gouvernement légitime. (*N. du t.*)

police, M. Carnot, ministre de l'intérieur, M. de Caulaincourt, ministre des affaires étrangères, le général Grenier et M. Quinette. Les trois premiers étaient membres de la chambre dite des pairs; M. Grenier était un des vice-présidens de la chambre des représentans (1).

La première opération de la commission fut la nominatiou de cinq ministres plénipotentiaires pour traiter de la paix avec les alliés. On attendait fort peu de succès de cette mission, quoique les alliés n'eussent point de prétextes pour refuser l'admission des ambassa-

(1) Les premières propositions faites à la séance du 22 juin par le duc d'Otrante, par M. Dupin et par Regnaud (de Saint-Jean-d'Angely), avaient été de nommer cinq commissaires; savoir : trois choisis *dans* la chambre des représentans et deux nommés *dans* celle des pairs. Le bruit public désignait parmi les pairs, MM. Fouché et Carnot; parmi les députés, MM. Lanjuinais, Lafayette et Flaugergues. Ces dispositions changèrent par une espèce de mystification dont furent dupes plusieurs personnes. M. Regnaud (de Saint-Jean-d'Angely) substitua, par un tour de passe-passe, dans une seconde rédaction, la préposition *par* à la préposition *dans*. Les commissaires ne furent plus nommés *dans* le sein des chambres, mais *par* les chambres. Celle des représentans ayant fait ses choix la première, MM. de Lafayette et Lanjuinais se virent évincés.

(*N. du t.*)

deurs. En effet, les alliés avaient déclaré que ce n'était pas à la France, mais à Buonaparte qu'ils faisaient la guerre.

Dès ce moment, la chambre des représentans cessa d'agir. Elle ne prit que des résolutions dérisoires ou intempestives. Buonaparte vivait encore, il était tout près de la capitale. D'un moment à l'autre, il pouvait reparaître sur la scène politique.

Lorsque le sénat de Rome fut instruit de la mort de l'empereur *Commode*, les pères conscripts doutèrent d'abord de la vérité de l'évènement, et craignirent qu'on ne leur tendît un piége; mais bientôt assurés, à n'en pouvoir douter, que *Commode* n'existait plus, ils se répandirent tumultueusement en imprécations contre lui; ils vouèrent son nom à une éternelle infamie, et ordonnèrent l'exposition de son cadavre détesté, sur l'arène des gladiateurs.

Commode était mort et ne pouvait se venger; mais Buonaparte avait encore près de lui une garde imposante. La prudence que montra d'abord le sénat de Rome avilie, peut, jusqu'à un certain point, excuser le prétendu sénat français. Quoique la garde eût succombé par milliers dans la campagne de trois jours, il arrivait journellement à Paris des débris de ce corps qui n'avaient point donné ou qui s'étaient ralliés. D'ailleurs, le stupide fanatisme des autres corps de l'armée et de la plus vile canaille de Paris subsistait encore (1).

Ah! s'il eût péri dans cette circonstance sous le fer d'un assassin, où s'il eût mis de lui-même un terme à une vie trop longue de deux années, nul doute que messieurs les représentans n'eussent pris une autre attitude; mais ils connaissaient cette maxime de Marius, que s'est depuis appropriée un membre fameux de la convention, « qu'il n'y a que les morts qui ne reviennent pas (2). »

(1) Quelques jours après, le club des représentans ayant eu la fantaisie d'envoyer des commissaires à l'armée qui bivouaquait près de Paris, les chevaux que devaient monter les députés furent tirés des écuries du Carrousel et conduits par des domestiques à livrée impériale. C'en fut assez pour faire accroire que Buonaparte passait en revue des troupes sous Montmartre, et la terreur fut à son comble. (*N. du t.*)

(2) Le régicide Barrère. (*Idem.*)

CHAPITRE X.

Fortifications autour de Paris. — Spectacles affligeans sur les boulevards du Nord. — Retraite de Buonaparte à la Malmaison. — Jugement porté par lui-même sur sa dernière campagne. — Attaque de Paris. — Convention militaire pour l'occupation de la capitale.

On avait occupé, ou pour mieux dire, amusé pendant deux mois les Parisiens à fortifier les hauteurs sous les murs de la capitale. La garde nationale avait été mise en réquisition pour cet objet. Sept bataillons y allaient travailler à tour de rôle (1).

Les buonapartistes se rappelaient l'ardeur avec laquelle les habitans de tout âge et de tout sexe avaient concouru à préparer l'enceinte du Champ-de-Mars, lors de la première fédération. Ils espéraient faire revivre le même enthousiasme. Mais tout ce qu'on fit en 1815 n'était qu'une misérable parodie des premiers

(1) *Voyez* les détails contenus dans les notes de la *Conspiration de Buonaparte* contre Louis XVIII (déjà cité), page 114. (*N. du t.*)

et beaux momens de la révolution. La France n'était plus la même. On était réveillé pour jamais des vains songes de la liberté.

Si les gardes nationaux s'acquittaient avec peu de bonne volonté ou avec peu d'adresse des fonctions de pionniers, du moins ils veillaient sur la tranquillité de la capitale, de manière à mériter l'éternelle gratitude de leurs concitoyens. En 1814, ils s'étaient montrés sur la brèche, ils avaient protégé la ville contre l'agression des étrangers et contre les mouvemens de la malveillance; ils avaient noblement conquis la couronne civique. Pleins d'estime pour la garde nationale, les généraux alliés l'avaient choisie pour auxiliaire, afin de maintenir l'ordre et la tranquillité dans une immense capitale.

Les armées étrangères s'en approchaient encore une fois. On cachait leurs mouvemens le plus qu'il était possible. On parlait au contraire de la réception des plénipotentiaires, de la conclusion d'une suspension d'armes. On ajoutait que l'Autriche se détachait de la coalition, qu'une partie considérable de la grande armée s'était ralliée en bon ordre (1).

---

(1) M. le maréchal Davout dit éloquemment, à la

Mais le règne des subterfuges et des impostures ne pouvait être de longue durée. Les éloquentes

---

séance du 22 : « Les désastres de l'armée ne sont pas « si *conséquens* qu'on l'avait supposé d'abord. » Les jours suivans on lut des bulletins insignifians ou mensongers. On annonçait, par exemple, que les troupes alliées commençaient à pénétrer dans le département de la Meurthe, lorsque M Bouvier du Molard, préfet de ce département, obligé de se sauver après la prise de Nancy, avait déjà pris son poste à la chambre des représentans, en annonçant que son département avait été envahi en vingt-quatre heures, et que c'était précisément la cause de son retour à Paris.

Le hasard nous a mis sous les yeux un rapport fait par un des *agens de l'esprit public*, sous la date du 27 *juin;* nous en extrairons les passages qui nous ont paru les plus curieux.

« Paris est tourmenté d'une agitation sourde, qui ne peut manquer d'éclater, et cet éclat perdra tout.

« Les militaires dont il est plein sont mécontens, irrités et menaçans : s'ils ne sont ou renvoyés à l'armée, ou fortement contenus, ils feront un mouvement qui, ne pouvant plus avoir aucun succès contre l'ennemi, ne peut que nous livrer à sa discrétion.

« D'un autre côté, les royalistes se concertent, ils se montrent, ils se croient au moment d'agir; et s'ils agissent, si au lieu d'attendre et d'accepter les stipulations, ils les provoquent et les décident, *dès ce moment il y aura réaction, et nul n'en pourra arrêter le torrent.*

« L'embarras de cette situation s'accroît par les ten-

déclamations des buonapartistes étaient démenties par l'arrivée de troupes de paysans

tatives du parti buonapartiste, avec ou sans l'aveu de Buonaparte; les restes de son parti s'agitent, excitent les militaires, irritent leurs regrets, et tournent leurs dernières espérances et jusqu'à leur désespoir du côté de *leur empereur*..... En ce moment, malgré la loi rendue, malgré les ordres du ministre de la guerre, plus de sept à huit mille militaires sont à Paris.

« Cet état de choses ne peut durer.....

« Il y a trois mois, on avait mille moyens de *faire* l'opinion de Paris, de la rendre uniforme, et d'en *opérer la manifestation*. On les a tous tentés; mais à demi, et l'on a échoué... »

(Ce paragraphe n'est pas très-clair. Que pouvait-on faire trois mois avant le 27 juin, c'est-à-dire, immédiatement après le 20 mars ? Apparemment proclamer la *république !*)

L'auteur du rapport, après avoir loué avec raison, le *bon esprit* de la garde nationale, continue ainsi :

« La garde nationale est paralysée par le général Durosnel, aide-de-camp de Napoléon. Ce choix, qui convenait aux circonstances et aux vues du temps, ne peut plus être que dangereux, et il l'est en effet. Le général Durosnel n'a point la confiance de la garde nationale, et il ne peut l'avoir.

« La première mesure à prendre, est donc d'envoyer le général Durosnel à l'armée active.

« La seconde, est de le remplacer par le chevalier Allent, et celui-ci par M. Tourton.

« Mais la garde nationale n'est pas seulement para-

obligés de quitter leurs asiles champêtres et de chercher un refuge dans l'intérieur de la capi-

---

lysée par son principal chef, elle est divisée. Les faubourgs ont été opposés à la ville; les tirailleurs aux grenadiers et aux chasseurs.

« Ainsi la troisième mesure serait : 1° de faire un appel à tous ceux des tirailleurs qui voudraient prendre du service dans la ligne, et d'autoriser les autres à se retirer; 2° de donner sur le champ une destination positive au général *Darricau;* 3° de faire délivrer à la garde nationale, qui a encore besoin de douze mille fusils, tous ceux qui ont été si inconsidérément donnés aux tirailleurs.....

« Paris est dans ce moment comme à l'abandon.....

« Si le préfet de police * n'était point malade, ce serait une question à débattre de savoir s'il convient aux circonstances; et n'eût-il contre lui que la formation des fédérés, l'armement des faubourgs contre la ville, la négative serait bientôt prononcée. Mais ce préfet de police est malade, hors d'état de faire sa place, et il ne la fait pas. Ainsi sa personne n'est pas à discuter, mais très-certainement sa place est à remplir.

« Il faut, pour le remplacer, un homme qui connaisse Paris, la révolution, les hommes et les choses, et dont le caractère soit aussi sûr que les principes.

« Il faut encore, et cela est de toute nécessité, qu'il puisse être agréable au gouvernement qui va être établi (celui de S. M. Louis XVIII); car on ne doit pas se le dissimuler, si le choix du préfet de police n'est pas

* Ce préfet était M. Réal, qui jouait peut-être alors le rôle du renard *enrhumé* de La Fontaine.

tale. L'expérience de l'année précédente avait appris ce que signifiaient ces tristes cortéges

tel que ce magistrat puisse se maintenir sous le gouvernement qui doit succéder à la commission, son déplacement commencera la réaction; au contraire, si ce gouvernement n'a aucun motif pour le déplacer, il se trouvera le défenseur obligé de toutes les existences que la sphère de son action peut l'autoriser à défendre. »

Le choix tomba le 4 juillet, c'est-à-dire, le lendemain de la capitulation de Paris, sur M. Courtin, qui avait conservé en 1814 et 1815 les fonctions de procureur du Roi près le tribunal civil. M. Courtin n'avait point négligé les occasions de témoigner dans ses plaidoieries son amour pour la royauté légitime, et son horreur pour toute espèce d'usurpation. Ses sentimens avaient éclaté *incognito* dans le procès instruit en police correctionnelle contre les libraires Ferra, Marre-Roguin et autres distributeurs d'un pamphlet absurde contre le Roi, et dans le procès de madame de Saint-Leu. Je dis *incognito*, car M. Courtin avait fait défendre aux journalistes de rendre compte de la première de ces affaires, et les avait invités, s'ils rendaient compte de son plaidoyer pour madame de Saint-Leu, de ne point le faire parler en style direct, mais à la troisième personne.

Pendant les trois ou quatre jours que durèrent les fonctions de M. Courtin, comme préfet de police, il fit fermer les barrières pour empêcher la population entière de se porter au-devant du Roi, qui venait d'arriver à Arnouville. Cette raison et d'autres encore, le firent porter, ainsi que M. Réal, sur la liste des trente-

d'hommes, de femmes, d'enfans, de charriots et de troupeaux qu'on avait vu défiler de la même

huit qui sont exceptés de l'amnistie, et obligés de sortir du royaume.

On vient de voir dans les pièces dont nous avons donné l'extrait, que le gouvernement de Fouché, Carnot et Caulaincourt redoutait singulièrement l'explosion des royalistes. On imagina un singulier moyen pour contenir leur zèle, ou plutôt pour les mystifier. M. le colonel de Champeaux, sous prétexte de former un corps franc contre les anglo-prussiens, levait une légion dite de Seine et Oise, où il n'incorporait que des gardes-du-corps, des mousquetaires, des émigrés, des vendéens et d'autres royalistes déterminés. Malheureusement il n'avait pu se passer de l'autorisation du maréchal Davout, et il était impossible que son but réel ne fût pas connu. Bien loin de s'opposer ostensiblement à son entreprise, on eut l'air de la favoriser; mais on fit naître sous œuvre toutes sortes d'obstacles, et l'on trouva même le moyen de compromettre M. de Champeaux aux yeux des amis de la royauté.

M. de Champeaux, après le retour du Roi, fut traduit devant un conseil de guerre; mais la pureté de ses intentions y fut hautement proclamée, et on le renvoya absous aux cris de *vive le Roi!*

Il n'avait eu le temps, au 8 juillet, d'équiper qu'une très-petite portion de son corps franc, laquelle, revêtue d'un brillant uniforme, fit partie du cortége pour l'entrée du Roi, mais fut promptement licenciée.

Les volontaires avaient sur la plaque de leur giberne un bouquet de petites fleurs où l'on reconnaissait des

manière, la veille même de la bataille de Paris.

Quelle image affreuse de la dévastation des campagnes ! On voyait de longues files de chariots transportant des ustensiles de ménage, en un mot toute la fortune de leur possesseur, qui souvent était obligé de s'y atteler lui-même, et de seconder un cheval harassé de fatigue. Ces mêmes charrettes portaient en outre quelques provisions, soit pour les hommes, soit pour les animaux. Une vache attachée derrière les suivait. Il fallait à la barrière payer un droit d'entrée pour son passage !

Les fugitifs étaient moins nombreux que l'année précédente, parce que l'on savait qu'il n'y avait point de Cosaques ; et l'on se reposait sur l'excellente discipline des Anglais : les Parisiens eux-mêmes n'avaient pas beaucoup d'inquiétude. Que cette confiance fut horriblement trompée !

---

lis, en les regardant de près. Les hommes qui s'y enrôlaient savaient ce qu'on attendait d'eux. Ils devaient cerner les chambres de Buonaparte avant l'entrée des alliées, proclamer Louis XVIII, et déterminer peut-être l'armée à suivre le même mouvement.

Un tel résultat n'aurait pas évité sans doute l'occupation militaire de la capitale par les alliées ; mais il aurait détruit le prétexte de beaucoup d'exactions. (*N. du t.*)

Le nom de Wellington n'était jamais prononcé sans vénération par ses ennemis eux-mêmes. Les royalistes l'attendaient comme un libérateur.

Quel tableau que celui des boulevards du Nord, où l'on voyait s'écouler la foule de ces fugitifs! Tout l'espace, depuis la porte Saint-Martin, était presque entièrement obstrué par des files de Parisiens mêlés avec des gens de campagne et leurs animaux domestiques.

D'un côté du boulevard un nombre considérable de curieux assiégeait le bureau du théâtre, pour assister à la représentation de *la Pie voleuse*, tandis que l'on voyait, du côté opposé, un groupe moins nombreux se former autour d'une cariole d'osier traînée par un petit cheval noir. Cette cariole *jaune* était la boutique ambulante du nommé *Arnaud*, où, depuis le départ de Louis XVIII, on vendait le fameux pamphlet de Carnot, en l'honneur du régicide (1). Ce libelle s'était d'abord vendu jusqu'à dix francs l'exemplaire. On le donnait

(1) Ce misérable a été démasqué dans une note qu'on lit dans les *Crimes de Buonaparte et de ses adhérens*, ouvrage cité plusieurs fois dans cette Relation, pages 94 et 95, ainsi qu'à la page 21 du texte; nous y renvoyons nos lecteurs. (*N. du t.*)

désormais pour la modique somme de vingt-sols (1).

Çà et là paraissaient quelques hommes isolés, ou plutôt des fuyards. Ils avaient l'attitude ferme et menaçante, le regard assuré, et d'une voix de *Stentor* faisaient retentir les cris de *vive l'empereur!* Un d'eux eut la férocité de passer son sabre à travers le corps d'un infortuné vieillard qui, dans son zèle imprudent, leur dit d'une voix mal articulée : « Mes amis, criez *vive le Roi!*

Une pareille exclamation coûta la vie à cinq ou six personnes qui furent égorgées de la même manière (2).

(1) On avait fini par le donner pour rien; car le colporteur distribuait par-dessus le marché je ne sais quelle brochure avec une couverture jaune, et que, pour cette raison, on appelait ingénieusement la *jaunisse*. Le *Nain Jaune*, qu'on lisait avec des transports d'admiration dans les cercles brillans de MM. Regnaud (de Saint-Jean-d'Angely), Maret, etc. etc., avait mis la couleur jaune à la mode. (*N. du t.*)

(2) On vit avec horreur un cavalier qui rejoignait le camp, descendre de cheval à la porte Saint-Denis, s'approcher d'un groupe, et demander le motif de ce rassemblement. Lorsqu'il sut qu'un homme avait été arrêté comme royaliste, il le massacra froidement de plusieurs coups de sabre, remonta à cheval, et continua tranquillement sa route. (*N. du t.*)

Le petit nombre de ceux qui avaient survécu à la catastrophe de Waterloo, revenait la rage dans le cœur et furieux contre les deux chambres à qui ils attribuaient l'abdication de leur chef. Tous connaissaient bien l'étendue de leurs fautes, et la basse classe du peuple était la seule qui prît part à leur sort. En général, la masse des Parisiens, endurcie par le malheur, éprouvait plus d'horreur pour le tyran que de pitié pour ses victimes. Quoique nul peuple ne soit plus sensible à la gloire militaire que les Français, ils sentaient avec amertume les maux qu'ils éprouvaient déjà, et ceux encore plus grands dont ils étaient menacés. Loin de s'attendrir sur le courage désespéré de la fameuse garde, ils auraient pu dire : *Exécrable vertu qui a perdu la patrie!*

Après avoir eu quelques altercations fâcheuses avec ses ministres, devenus les arbitres de son sort, Buonaparte quitta l'Elysée et se rendit à la Malmaison. En effet, son séjour dans la capitale causait de justes alarmes. Le gouvernement provisoire, fortement intéressé à ne pas le perdre de vue, l'invita clairement à s'éloigner de Paris. Quelques jours avant son départ, Buonaparte parut rêveur et fortement préoccupé, mais il ne songea qu'à ses affaires personnelles, à son voyage projeté dans le Nouveau-Monde.

Vous croyez peut-être qu'il repassait dans son esprit les exemples de ces héros romains qui ne purent survivre à leur honorable défaite dans les plaines de Philippes; ou de ce roi de Pont qui, séparé de *Pompée* par tout le Bosphore-Cimmérien, chercha dans le fer ou le poison un refuge plus assuré?

Vous croyez peut-être aussi qu'il se rappelait cette proposition naïve qui lui fut faite, dit-on, l'année précédente à Fontainebleau par un de ses mameloucks, lequel se présenta devant lui le sabre nud à la main, déclarant qu'il attendait ses ordres pour remplir son devoir (1)?

Enfin, vous supposez qu'il songea à *Caton-d'Utique*, à *Annibal*, à tant d'autres grands personnages?

Non. Buonaparte était peu jaloux d'imiter ces vertus du paganisme. Ses méditations se portaient sur des objets plus familiers : sur les

(1) Cela est-il bien avéré? Ce qui nous fait présumer que l'auteur anglais se trompe, c'est qu'à l'époque dont il parle, le mamelouck favori de Buonaparte venait de quitter son service. (*N. du t.*)

préparatifs de son voyage. Il faisait tranquillement ses provisions de perkale, de mousseline, de parfumerie (1). Il discourait sur la coupe, la grandeur, la qualité des diverses espèces de chemises, et sur les parfums dont il désirait se munir pour son expédition lointaine.

L'inventaire de ces objets a été trouvé dans ses papiers. Cette pièce n'est pas une des moins curieuses que puissent offrir ses archives. Aucun détail n'avait été omis, rien n'avait été négligé pour ce long voyage. Quant à son retour sur notre hémisphère, il s'en rapportait là-dessus à son destin.

Pendant ce temps-là, apprenant que les alliés refusaient de conclure une suspension d'armes, il écrivit du fond de sa retraite au gouvernement provisoire, et demanda à être nommé généralissime de l'armée, afin de dé-

(1) Il fit demander par son bibliothécaire, à la chambre des députés, la bibliothèque de Trianon, composée de deux mille cinq cents volumes. Le décret fut solennellement rendu; mais il se présenta une petite difficulté pour l'exécution : les Prussiens et les Anglais s'étaient emparés de Versailles, et par conséquent de Trianon, précisément le jour où la demande fut faite.

(*N. du t.*)

fendre Paris, et de sauver ce dernier débris de la patrie. Mais la commission exécutive rejeta sa demande avec dédain.

Débarrassé du fardeau du gouvernement, Buonaparte charma l'ennui de sa retraite par des conversations, non seulement avec des militaires, mais avec des artistes ou hommes de lettres qui venaient le visiter à la Malmaison. Il parlait, sans se faire prier, des erreurs et des abus de son premier gouvernement; mais était-il question des derniers évènemens, il ne parlait de lui qu'à la troisième personne, et comme s'il n'eût été pour rien dans les opérations.

L'empereur, dit-il, paraît avoir agi en cette circonstance, par tels et tels motifs. Il se promettait tel résultat, mais s'est trompé dans ses calculs...... L'empereur, disait-il, dans d'autres circonstances, a cru à des renseignemens qui se sont trouvés mal fondés......; il a mis trop de précipitation ou trop de lenteur.....; il a fait des bévues qu'il lui eût été facile d'éviter, ou il a supposé que ses adversaires feraient des fautes qu'ils n'ont pas faites.

En un mot, il était en veine pour être communicatif. Un jour il entendit un de ses médecins répondre à la hâte à un homme du voisinage qui le consultait sur sa femme en couches. Buonaparte abandonna sa critique des fautes de l'empereur, et se mit à pérorer pendant trois-quarts d'heure sur la science des accouchemens. Reprenant ensuite la morgue impériale, il déclama contre la méthode actuelle, et déclara qu'il s'était proposé de faire dans l'enseignement telle ou telle réforme.

Ainsi, à l'imitation de Mithridate, de ce fameux guerrier de l'antiquité, qui ne se montra pas moins prodigue du sang des hommes, et qui avait écrit un traité sur l'art de guérir les maladies, Buonaparte semblait avoir acquis des notions sur les accouchemens.

La distance que l'ex-empereur avait placée entre lui et les Parisiens, ne fut pas jugée suffisante. Le gouvernement le pria de quitter son *Tusculanum*, et de s'acheminer vers Rochefort, où deux frégates l'attendaient.

Le départ de Napoléon fit respirer ceux qui ne craignaient rien tant que de voir Paris défendu par lui et par son armée. Une défaite sous les murs de la capitale était plus que probable (1). Elle aurait entraîné la destruction

(1) Il suffit de la déposition qu'a faite M. le maréchal Davout à la chambre des pairs dans le procès du maréchal Ney, pour savoir à quoi s'en tenir à ce sujet. L'exposé justificatif de Carnot, prouve aussi que toute défense était impossible. (*N. du t.*)

de la ville, que ses défenseurs eussent inévitablement livrée au pillage, dans le cas même où les alliés auraient jugé à propos de l'épargner.

Le duc de Wellington était considéré comme le seul protecteur que l'on pût espérer. L'entrée de l'armée anglaise était attendue avec une inexprimable anxiété, et l'on murmurait contre les autorités militaires qui, par une défense intempestive, ajournaient la délivrance de la capitale du royaume.

Le corps législatif passait son temps à fabriquer une constitution que l'on offrait à l'acceptation des candidats à la royauté (1).

Des commissaires étaient envoyés de temps en temps pour haranguer les troupes sous les murs de la ville, ou, pour nous servir de l'ancien jargon révolutionnaire, pour fraterniser avec elles. Les députés proclamaient Napoléon II, tandis que certains vieux soldats, qui ne connaissaient que Napoléon Ier, répondaient par les cris de *vive l'empereur!* sans autre désignation.

Quelques soldats de la garde, qui voyaient

(1) Il semblait, en vérité, qu'il y eût une espèce d'enchère d'*idées libérales*, et que le pouvoir absolu fût mis au rabais! (*N. du t.*)

plus clairement la tournure des choses, et ne se souciaient pas de se battre sans savoir pour qui, jugèrent plus prudent de se retirer. Un de leurs chefs (Mouton-Duvernet) les harangua avec chaleur, et leur dit qu'ils avaient trop d'honneur pour déserter. « Mais nous avons abdiqué, » répondirent en ricanant les vieux soldats.

L'armée autour de Paris ne croyait pas du tout à l'abdication de Buonaparte. Elle la regardait comme une ruse de guerre. Elle connaissait trop bien son empereur pour penser qu'il renonçât au commandement.

Ceci me rappelle le mot ingénu d'un Allemand. Le bruit s'était répandu dans toute l'Allemagne, il y a quelques années, que Buonaparte était mort : « Buonaparte mort! s'écria-t-il, vous le connaissez fort peu : il s'en garderait bien! »

Avant de partir de la Malmaison, Buonaparte écrivit une lettre sous la date du 25 juin 1815, adressée à l'armée française sous les murs de Paris.

Cette lettre s'adressait aux braves de l'armée, et il n'y avait pas sans doute de tambour qui ne la crût pour lui.

« Soldats, disait Napoléon, en cédant à la

« nécessité qui me sépare de la brave armée « française, j'ai la confiance que, par ses éminens services, elle méritera aux yeux de ses « concitoyens, l'estime que ne lui refusent pas « ses ennemis eux-mêmes.

« Soldats, quoique absent, je vous suivrai « toujours dans toutes vos actions. Je connais « tous les corps. Aucun d'eux ne se signalera « sans que je sois informé de la bravoure qu'il « aura déployée.

« On a calomnié et vous et moi.

« Soldats, encore quelques efforts, et la coalition est dissoute. Napoléon vous saura gré « des coups terribles que vous lui porterez. « Sauvez l'honneur et l'indépendance de la « nation française. Soyez jusqu'au dernier moment les hommes que j'ai connus pendant « vingt ans, et vous serez invincibles. »

Cette proclamation fut distribuée à l'armée. Napoléon parlait de son éloignement, mais ne disait pas que cet éloignement dût être éternel. Il annonçait à ses anciens compagnons d'armes qu'il ne les perdrait pas de vue. N'était-ce pas une preuve qu'il se dégagerait des liens de la seconde abdication, comme il s'était affranchi de la première? Il y en avait même parmi ces hommes guerriers, beaucoup qui ne voulaient pas croire qu'il eût quitté l'armée. Ils disaient que, caché sous un travestissement quelconque, il était près d'eux, et se montrerait lorsqu'il en serait temps (1).

La première attaque des Anglo-Prussiens eut lieu au nord de Paris. Elle se borna à des escarmouches et à une canonnade lointaine. Je fus éveillée le 30 juin, à 3 heures du matin, par les premiers coups de canon. Ce n'était point une de ces salves qui, dans les villes populeuses sont le signal de la victoire, le symbole de la gaieté publique : c'était un bruit sinistre, avant coureur de la mort.

L'artillerie commença à retentir sur les hau-

---

(1) Même après son départ de la Malmaison, le tyran à *idées libérales* n'était pas encore sans espoir. Il passa à Rambouillet une partie de la nuit, et se fit apprêter par la concierge du château, un frugal repas. « Eh bien! madame ***, lui dit-il, vous ne comptiez peut-être plus me voir ? » Chose étonnante, et même incroyable, si elle ne m'avait été attestée, il reçut plusieurs courriers de Paris ; il lut les dépêches avec flegme, et n'en communiqua rien aux personnes qui l'entouraient. Madame Bertrand reçut aussi une missive qui la concernait personnellement. Après l'avoir lue, elle sanglotta, fondit en larmes, dit quelques mots à un officier qui se rendit auprès de Buonaparte, et le départ eut lieu peu de minutes après. (*N. du t.*)

teurs de Belleville, presqu'en face de mes fenêtres. Je me levai sur le champ. Quel contraste entre le tableau gracieux et les sons terribles qui s'offrirent à la fois à mes sens! Le ciel se colorait des premiers feux de l'aurore; les collines et les jardins étaient parés de la plus fraîche verdure, si l'on excepte les flancs escarpés des buttes de Saint-Chaumont à droite, et des hauteurs de Montmartre à gauche. Ces hauteurs étaient hérissées d'une artillerie formidable. Dans les intervalles de silence, l'oiseau matinal remplissait l'air de sons mélodieux, et semblait reprocher à l'homme de troubler le repos de la nature. La mémoire encore frappée des évènemens de l'année précédente, j'étais trop alarmée pour réfléchir que ceux d'aujourd'hui pouvaient suivre une autre marche.

J'avais été éveillée aussi le 30 mars dès l'aube du jour, par le fracas de l'artillerie placée à peu près sur le même théâtre; sur ces collines qui dominent mon habitation. La canonnade du 30 mars était prolongée et faisait tout retentir par ses éclats; pendant près de douze heures, les pièces n'avaient presque point cessé de tirer; les obus pleuvaient dans les jardins d'alentour; notre seule ressource était de nous retirer derrière le mur de la maison que nous croyions assez épais pour être à l'épreuve du boulet. Cette journée avait été terrible jusqu'à six heures du soir, moment où l'on annonça la capitulation. Dès ce moment le tumulte des combats fit place aux sons délicieux de la musique. Des soldats français, des alliés même, joints aux nymphes du faubourg, formèrent de toutes parts, hors des murs, des danses enjouées, sans penser, hélas! aux camarades qu'ils venaient de pèrdre.

L'attaque du 30 juin 1815 fut beaucoup moins formidable. Elle consista principalement en feu de mousqueterie, et s'affaiblit sensiblement à six heures du matin.

Malgré les fortifications qui couvraient les hauteurs, il eût été possible de pénétrer dans la ville de vive force (1), mais le carnage eût été effroyable. Le duc de Wellington, qui connaissait bien le terrain autour de Paris, ne songea qu'à s'emparer des meilleures positions. Les alliés, n'essayant plus de forcer le passage du côté du Nord, suivirent la rivière du côté de Neuilly et de Saint-Germain.

---

(1) Oui, ce jour-là et le lendemain, avant la réunion du corps de Vandamme, qui détermina les alliés à passer la Seine et à tourner Paris. (*N. du t.*)

La fusillade, qui avait continué dans la plaine Saint-Denis, cessa tout-à-fait vers trois heures après-midi. Je sortis alors sur le boulevard. Toutes les boutiques élégantes, qui font l'ornement de cette belle promenade, étaient fermées avec soin. De sinistres présages pouvaient en quelque sorte se lire sur toutes les physionomies. Des passions hostiles se peignaient sur tous les visages ; il semblait que la multitude n'attendît que le signal de la guerre civile. Les soi-disant patriotes des faubourgs se promenaient çà et là : ils semblaient se promettre de jouer un rôle actif dans quelque scène effrayante (1).

(1) M. Lamartelière, dans son ouvrage intitulé : *Conspiration de Buonaparte*, etc. (déjà cité), page 109, n'hésite pas à affirmer que l'on projetait un nouveau *deux septembre*. Le lendemain du départ de Buonaparte pour la Malmaison, un mouvement extraordinaire se fit dans divers quartiers de Paris. Des hommes ivres, rassemblés au café Montansier, parlaient hautement de la nécessité de se débarrasser des *conspirateurs* enfermés dans les prisons. La nuit précédente, une foule de soldats et d'officiers à la demi-solde s'étaient réunis dans le carré des Champs-Elysées, sous prétexte de veiller à la sûreté de leur empereur. On ne saurait douter que le prétexte de ces réunions ne couvrît des projets sinistres.

« Les prisonniers d'état détenus à la Force, dit l'au-

On voyait figurer dans les groupes, les forts de la halle et les charbonniers. Ces hommes avaient été enrôlés de gré ou de force dans les fédérés, sous la dénomination d'*éclaireurs de la Garde nationale*. Napoléon, à cause de leurs énormes chapeaux blancs et noirs, les avait plaisamment surnommés *ses mousquetaires noirs et blancs*. On voyait presque autant de femmes que d'hommes dans ces groupes; car rien d'important ou de frivole ne se passe à Paris sans que les femmes s'en mêlent.

Le commandant de l'armée française, ministre de la guerre de Buonaparte et du gouvernement exécutif, avait pris son quartier-général à la Villette, à la porte même de Paris. Les opérations militaires de ce jour n'étant pas d'une haute importance, Davout en profita pour établir une correspondance avec la chambre des députés d'une part, et lord Wellington de l'autre. M. Davout a depuis désavoué une adresse aux deux chambres,

---

teur que je viens de citer, ont éprouvé les plus vives alarmes du projet de ces massacres. Plusieurs ne se sont pas couchés. M. Baud, concierge de cette prison, avait déclaré aux prisonniers qu'à la première annonce du danger, il les ferait évader par une issue secrète. »

(*N. du t.*)

qui fut annoncée comme signée de lui et de tout son état-major, au nombre de quatorze généraux. Dans cette adresse, on disait que le rappel des Bourbons serait le *testament de l'armée* (1).

(1) Les journaux ont fait connaître cette pièce infernale, qu'on croit avoir été fabriquée par le général Fressynet, et à laquelle on prétend qu'un journaliste, qui a été membre de la chambre des députés de l'usurpateur, a mis son style.

Rien n'égale l'absurdité des reproches que font à la maison de Bourbon les auteurs de l'adresse. La mauvaise foi de ces inculpations est évidente; et lorsqu'on la lut au club des représentans, un grand nombre de ces messieurs ne put s'empêcher de témoigner son indignation.

Nous ajouterons que le général Drouot a assuré, dans son procès, qu'il n'avait point voulu signer cette adresse infâme, et que son exemple avait détourné beaucoup d'autres officiers de se laisser entraîner à la même démarche.

Voici les signatures de la pièce, qui était datée du camp de la Villette, 30 juin 1815, 3 heures de l'après midi :

Le maréchal ministre de la guerre prince d'ECKMUHL; *le lieutenant-général commandant en chef le 1er corps de cavalerie, comte* PAJOL; *le lieutenant-général baron* FREYSSINET; *le lieutenant-général commandant l'aile droite de l'armée, comte* d'ERLON; *le lieutenant-général commandant des grenadiers de la garde impériale, comte* ROGUET; *le ma-*

La lettre au duc de Wellington contenait la demande formelle d'une suspension d'armes, puisque l'objet de la guerre (l'abdication de Buonaparte) se trouvait accompli. Cependant lord Wellington était loin d'avoir atteint le but qu'il se proposait; car ce qu'il voulait, c'était de prendre Paris avec le moins d'effusion de sang possible. Il continua donc à bloquer une grande partie de la capitale, en établissant des postes à Saint-Germain-en-Laye, à Versailles, et s'emparant successivement des hauteurs jusqu'à Meudon. Ces manœuvres s'effectuèrent avec plus ou moins d'obstacles de la part des Français, pendant les trois jours qui suivirent la première agression dans la plaine Saint-Denis.

---

réchal-de-camp commandant le 3e régiment des grenadiers de la garde impériale, comte HARLET; *le général commandant près la division des chasseurs*, PETIT; *le maréchal-de-camp commandant le 2e régiment des grenadiers de la garde impériale, baron* CHRISTIANI; *le maréchal-de-camp baron* HENRION; *le lieutenant-général* BRUNET; *le major* GUILLEMAIN; *le lieutenant-général baron* LORCET; *le lieutenant-général* AMBERT; *le maréchal-de-camp* MARIUS CLARY; *le maréchal-de-camp* CHARTRAIN; *le maréchal-de-camp* CAMBRIEL; *le maréchal-de-camp* JEANNET; *le général en chef comte* VANDAMME.

Tandis que ces formidables armées étaient en présence hors des murailles, les habitans étaient en proie à des terreurs diverses. Le bruit s'était universellement répandu que le projet des alliés était de convertir le siége en blocus; que l'on n'aurait rien à craindre du pillage, mais que l'on serait pris par la famine. Cependant les provisions ne cessèrent point d'arriver, et il n'en fallut pas davantage pour rassurer les Parisiens.

Le 1er juillet, les boulevards n'offraient plus le même coup-d'œil que la veille. Les Parisiens s'étaient attendus à voir l'ennemi entrer dès la première tentative, et ce délai les impatienta. La veille ils avaient entendu le canon, c'était pour eux une nouveauté (1); mais ce jour-là, s'accoutumant à l'idée d'un siége, ils retournèrent comme de coutume à leurs occupations ou à leurs plaisirs.

Le jour précédent tous les spectacles avaient été fermés, ce qui était à Paris un signe évident de détresse; mais le 1er juillet, quoique les grands théâtres ne jouassent point, la *Pie voleuse* fit son apparition triomphante sur le théâtre de la porte Saint-Martin (2).

---

(1) Madame Williams oublie donc l'année 1814?

(2) On a remarqué, avec beaucoup de surprise, que

Le théâtre de la Gaîté prépara, pour l'amusement du public, un mélodrame que l'on pouvait regarder comme une pièce de circonstance : le *Bombardement d'Alger* (1).

On avait eu la prudence de fermer les barrières de Paris, en laissant toutefois passer les gens de la campagne. Ainsi les plaines hors des murailles, n'étaient occupées que par les militaires. Si les femmes parisiennes n'eussent pas été mises dans l'impossibilité de sortir, la curiosité l'eût peut-être emporté sur la crainte.

Dans la soirée, le boulevard des Italiens fut rempli, suivant l'usage, de personnes élégantes, assises sur un double rang de chaises. Au mi-

---

le théâtre de la porte Saint-Martin, devant lequel Buonaparte devait passer le 20 mars, avait fait dresser une estrade pompeuse sur laquelle on devait exécuter une cantate en l'honneur du retour du *héros*. Un large drapeau tricolore flottait sur l'édifice ; les bustes de Buonaparte et de Marie-Louise y figuraient. La conduite du directeur de ce théâtre parut étrange, parce qu'on savait qu'il tenait son privilége du gouvernement de Louis XVIII.

(1) Les journaux et les affiches ne cessèrent point d'annoncer des représentations à tous les théâtres, mais vers deux heures, on mettait à la salle des grands spectacles une bande pour annoncer *relâche*. Les petits théâtres ne furent point interrompus. (*N. du t.*)

lieu, circulaient de nombreux promeneurs qui venaient prendre le plaisir ordinaire de l'été, celui d'avaler des flots de poussière en bonne compagnie. Les cafés ne désemplissaient pas, et les orchestres ambulans n'avaient point cessé de se faire entendre.

On peut observer que le boulevard des Italiens, qui est depuis si long temps le rendez-vous du beau monde de Paris, a changé plusieurs fois de nom dans le cours de la révolution. Vers 1792, ce boulevard fut appelé de l'épithète injurieuse, dans l'esprit de ceux qui l'inventèrent, de *boulevard de Coblentz*, parce qu'il était fréquenté par la classe de la société qui en ce moment émigrait en foule vers le Rhin.

Après le départ de Louis XVIII, et au retour de Buonaparte, Coblentz fut divisé en deux parties : le boulevard de *Gand*, et le boulevard de l'*île d'Elbe*. La première partie, pendant l'été de 1815, fut la plus brillante. Des milliers de guirlandes de *lis* ornaient les chapeaux de jeunes et jolies dames; tandis que le boulevard de l'île d'Elbe était abandonné aux amateurs de la *violette* et de l'*œillet rouge*.

Mais revenons à la soirée du 1er juillet.

Les amusemens du boulevard étaient diversifiés par la marche des armées, par le bruit du tambour, le passage rapide des courriers, et le son du canon qui tirait par intervalles. Quelquefois la gaîté cessait tout à coup, à la vue du triste spectacle des victimes des combats que l'on traînait couvertes de sang et prêtes à expirer.

J'entendis une fois un jeune officier mortellement blessé, et que quatre soldats portaient sur un brancard, leur dire : « Achevez-moi, « mes amis, achevez-moi ; vous voyez que je meurs : *vive la patrie* (1) !

Une si douloureuse invitation, une exclamation si patriotique aurait pu n'être point aperçue dans la chaleur d'un combat ; mais comment concevoir que de tant d'hommes, de tant de femmes, il n'y eût personne qui eût un instant de pitié pour ce malheureux ? Les yeux du sexe le plus sensible demeurèrent secs ; tout l'intérêt qu'on éprouvait était celui d'une vague curiosité. Oh ! combien l'esprit de parti

(1) Sans vouloir ici diminuer l'intérêt que l'auteur anglais porte à la gloire et au patriotisme de ce jeune et malheureux officier, ne serait-on pas tenté de croire que les couleurs sont chargées, et qu'il en est de cette exclamation comme des dernières paroles du brave et généreux Desaix à Marengo, de Lannes à Wagram... ? (*N. du t.*)

ferme toutes les avenues du cœur ! combien il étouffe les sentimens les plus délicats ! Il nous rend cruels et transforme presque en monstres les êtres du naturel le plus doux.

Quoique personne n'eût la permission de sortir de Paris (1), y entrait qui voulait, et nous avions fréquemment des nouvelles de ce qui se passait dans les environs. Je rencôntrai par hasard un jeune capitaine plein d'esprit et de vivacité, qui me dit avoir été fait prisonnier la veille par les Anglais. Avant-hier, me dit-il, nous battîmes les Prussiens, et vingt d'entre nous firent la partie de déjeûner le lendemain ensemble. Pendant que nous nous y rendions, nous fûmes poursuivis par des officiers et des soldats anglais, en nombre supérieur. Nous piquâmes des deux afin de gagner de vitesse. Par malheur ma selle, qui était mal arrangée, tourna, et je tombai à terre. Me voilà, comme vous jugez, dans une belle position. Les Anglais arrivent et me prennent. Je me regardais comme un homme perdu, car nous n'avions pas fait de grâce aux Prussiens. Quelle fut ma surprise lorsque je vis les soldats, par or-

(1) Les gendarmes arrêtèrent aux barrières les gardes nationaux qui voulurent aller au-devant du Roi : plusieurs furent sabrés. *Voyez* page 228. (*N. du t.*)

dre de leur chef, remettre la selle à mon cheval. « Partez, me dit-on, monsieur, nous ne « voulons pas profiter de la négligence de votre « palfrenier (1). »

Les Anglo-Prussiens s'étaient insensiblement approchés de Paris. Le lundi 3 juillet, les armées se trouvèrent respectivement en bataille dans la plaine de Grenelle, au sud-ouest de la ville.

L'armée française était maîtresse de la plaine et adossée aux murailles. Les alliés occupaient les hauteurs d'Issy, Vanvres et Meudon. La matinée se passa en manœuvres et préparatifs pour engager une bataille sanglante. Nombre de curieux se rendirent, en voiture, au pont des Invalides, qui était le lieu le plus rapproché du champ de bataille. A mesure que les équipages arrivèrent près du pont, ils furent aussitôt mis en réquisition. Les personnes qui s'y trouvaient furent invitées (2) à descendre, parce

(1) Cette conduite est très-honorable pour les Anglais. Elle repose agréablement l'ame fatiguée du spectacle continuel de tant de barbarie. (*N. du t.*)

(2) L'auteur anglais ne dit pas que les soldats qui avaient la consigne d'arrêter les carosses, les cabriolets et les fiacres, employaient la force pour faire descendre ceux qui étaient dans ces mêmes voitures; les cochers

que le combat allait commencer, et que les voitures étaient nécessaires pour le transport des blessés.

En vain les dames firent des représentations contre ce procédé peu galant des chefs militaires; en vain elles en appelèrent à la décision du général, on leur dit tout franchement qu'il faisait un temps superbe pour se promener à pied, et que si elles ne se retiraient pas, elles pourraient bien elles-mêmes être mises en réquisition pour panser les blessés.

Les maisons de Chaillot, en-dedans des murs, dominaient toute la plaine, et, avec des télescopes, on y voyait distinctement ce qui se passait sur les hauteurs voisines. On disait que si la bataille avait lieu, le signal serait donné vers quatre heures de l'après-midi (1).

Ce fut un moment terrible. Ce qui ajoutait

---

qui parvenaient à s'échapper, étaient poursuivis et menacés par ces mêmes soldats. (*N. du t.*)

(1) Sur les trois heures, pendant que la séance des représentans était suspendue, une porte fut fermée avec plus de fracas que de coutume; on crut que c'était le bruit du canon, que par conséquent les négociations entamées pour la capitulation avaient échoué. Il serait difficile de peindre le mouvement que produisit dans la salle cette fausse alerte. (*N. du t.*)

à l'horreur de cette circonstance, c'est qu'un immense magasin à poudre est placé dans la plaine de Grenelle. Un obus pouvait, d'un instant à l'autre, y mettre le feu et occasionner une explosion qui, non seulement ferait périr les soldats bivouaqués tout autour, mais qui couvrirait la capitale même de ruines.

Hé quoi! n'est-il point dans le ciel d'ange compatissant pour détourner, par son intercession, cette épouvantable catastrophe? Si le démon de la guerre doit dévorer tant de combattans, ah! du moins, qu'il épargne une ville digne d'un meilleur sort! Paris n'appartient point seulement aux Français, l'Europe entière est intéressée à sa conservation. Il est le siége des sciences, de la littérature, des arts. Toutes les richesses de la civilisation y sont accumulées. La destruction de ces trésors, légués par le génie aux âges futurs, serait moins une perte nationale qu'une calamité irréparable pour le genre humain, un crime aux yeux de l'inexorable postérité!

Mais heureusement le général anglais était loin de former des desseins aussi barbares. Son premier soin fut d'épargner des maux inutiles, de ne point rendre plus amère la coupe du malheur. Il voulut donc éviter les horreurs d'une bataille, satisfait d'avoir anéanti le destructeur de l'Europe, à la tête de ses armées jusques alors invincibles; d'avoir arraché, de son front indigne, la couronne impériale, et de l'avoir réduit à une ignoble évasion.

Le duc de Wellington invita donc les généraux français à un pour-parler (1).

Les plénipotentiaires arrivent. Au lieu de les recevoir les yeux bandés, il les conduit dans ses rangs; il leur montre ses positions, ses plans, ses ressources; il leur accorde le temps nécessaire pour délibérer. L'épée rentre dans le fourreau, et Paris est sauvé.

Une honorable capitulation accorde enfin au vainqueur sa plus glorieuse récompense: la reconnaissance du parti que n'a point favorisé la fortune.

---

(1) M. Davout a déposé daus le procès du maréchal Ney, à la chambre des pairs, que c'était lui, commandant de l'armée française, qui avait fait des ouvertures de capitulation, lorsque tout était prêt pour la bataille, et les premiers coups de fusil déjà tirés. (*N. du t.*)

CHAPITRE XI.

Négociations infructueuses de la commission exécutive avec les Souverains et les généraux alliés. — Entrée des Anglo-Prussiens à Paris. — Arrivée de S. M. Louis XVIII à Arnouville. — Journée du 8 juillet.

Dès que l'objet annoncé de la guerre eut été accompli, c'est-à-dire la destruction du gouvernement de Buonaparte et de sa famille, et que la nomination d'une commission exécutive eut fait avorter tous les plans d'une régence, le nouveau gouvernement envoya sur le champ une ambassade aux Souverains alliés pour faire suspendre la marche de leurs armées et faire connaître des intentions pacifiques.

Les plénipotentiaires furent le général Lafayette, M. Laforest, ancien diplomate, ami de M. Talleyrand, le général Sébastiani et M. Voyer-d'Argenson (1), descendant d'une des plus illustres familles de France, et qui,

(1) M. Voyer-d'Argenson, membre de la chambre actuelle des députés, a été rappelé à l'ordre dans une des premières séances. Il votait contre la loi relative à des mesures de sûreté, et parlait, à la vérité, d'une manière vague et hypothétique, des prétendus massacres

comme administrateur, avait résisté à Anvers aux injustes mesures de Buonaparte. Tous les quatre étaient membres de la chambre dite des *représentans*. On y joignit M. le marquis de Pontécoulant, membre de la chambre des pairs du Roi et membre de la chambre des pairs de Buonaparte; celui-ci avait résisté avec une grande énergie aux propositions d'une régence, et refusé à Lucien Buonaparte le titre de citoyen français. M. Benjamin Constant (1) fut nommé secrétaire d'ambassade.

Les ministres parvenus aux derniers avant-postes français, demandèrent à parler au duc de Wellington et au général Blücher. Le

---

de protestans dans le midi; on lui cria : *Vous vous croyez donc encore au Champ-de-Mai?*

Nous devons rendre à M. d'Argenson cette justice de déclarer qu'il ne prononça point de discours au Champ-de-Mai, où personne n'eut la parole, excepté l'orateur qui déclama, au nom de tous, le discours dont il a été question page 127 : il garda complètement le silence dans la chambre des représentans *de Buonaparte*. (*Note communiquée à l'éditeur.*)

(1) Ce caméléon politique est jugé sans retour. *Voyez* sa conduite et ses écrits avant l'arrivée de l'usurpateur; *voyez-le* ensuite accepter la place de conseiller d'état du tyran qu'il vouait à la mort le 19 mars : *Auri sacra fames!* (*N. du t.*)

prince Blücher, qui était le plus avancé dans sa marche, se chargea de la réponse. Il demanda non seulement qu'on lui livra les forteresses qui étaient sur son passage, mais encore celles des Ardennes et de la Lorraine. Il était impossible d'accepter de semblables conditions. Les plénipotentiaires écrivirent à Paris et demandèrent qu'on envoyât d'autres commissaires auprès des deux généraux, pendant qu'ils poursuivraient leur route vers les princes alliés. Munis d'un passeport du général Blücher, ils arrivèrent, après beaucoup de peines et de délais, au quartier-général des Souverains alliés, à Haguenau.

Les monarques et leurs premiers ministres n'accordèrent point d'audience, mais lord Stewart, ambassadeur d'Angleterre près Louis XVIII, le comte Capo d'Istria, ministre de Russie, le comte Walmoden, au nom de l'Autriche, et le général Knosesbeck, de la part de la Prusse, ouvrirent avec eux des conférences.

Des observations vagues, des accusations et des récriminations réciproques furent tout ce que l'on dit de part et d'autre. Cependant les plénipotentiaires français avaient des pouvoirs très-étendus, et qui prévoyaient toute espèce de cas.

La conduite des alliés prouve que tout ce qu'ils voulaient, en ce moment, c'était de profiter de la journée de Waterloo, en se rendant maîtres de Paris sans retard. Leurs ministres déclarèrent que les puissances s'étaient engagées à ne point conclure séparément ni paix ni trève; que les négociations ne pourraient commencer à Haguenau, et qu'elles seraient différées jusqu'à ce que tous les cabinets fussent réunis : ce qui ne pouvait être fort long.

M. de Lafayette et ses collègues furent traités avec respect, mais accompagnés par deux officiers prussiens. On leur fit suivre une route tellement détournée, qu'ils n'arrivèrent point à Paris avant le 5 juillet, deux jours après la signature de la capitulation. Plusieurs m'ont dit que si MM. de Lafayette et Sébastiani étaient arrivés à temps pour assister au conseil de guerre qui fut tenu le 2, il est très-probable que le 3 on aurait attaqué l'armée prussienne, qui déjà avait traversé la Seine.

D'autres commissaires français, parmi lesquels figuraient le général Andréossy et monsieur Flaugergues, membre de la chambre des députés, furent envoyés près du duc de Wellington. Il paraît que le duc leur proposa, seulement à titre de conseil, le rétablissement immédiat de Louis XVIII; il ajouta néanmoins, que si l'on choisissait un autre Souverain, les alliés seraient obligés de se faire céder, comme garantie, plusieurs provinces, et de tenir garnison dans un plus grand nombre de places fortes qu'ils n'en ont demandé par la suite. Les alliés demandaient aussi avec instance que Buonaparte leur fût livré. On assure qu'en cette occasion M. de Lafayette fit cette réponse à l'un des ministres étrangers : « Je suis étonné que, pour faire cette demande à un Français, vous vous adressiez de préférence au prisonnier d'Olmutz (1). »

Conformément à la capitulation du 3 juillet, l'armée française commença dès le lendemain son mouvement sur la Loire. Les Anglo-Prussiens prirent possession de Saint-Denis, Saint-Ouen, Clichy, Neuilly, etc. Le surlendemain, Montmartre, transformé en citadelle, fut mis en leur puissance; et le troisième jour, on leur ouvrit les portes de Paris.

---

(1) On ne comprend pas, si le fait qu'avance ici l'auteur anglais est exact, pourquoi M. de Lafayette aurait répondu, *seul*, à une question qui a dû être faite collectivement? Cette fanfaronnade est ridicule.

(*N. du t.*)

C'est ainsi que, dans le court espace de quinze mois, la capitale de la France se vit deux fois assiégée et deux fois contrainte de recevoir la loi du vainqueur : Paris, cette cité triomphante! Paris, qu'un orateur révolutionnaire avait surnommé le chef-lieu du monde! Combien les grandeurs d'ici-bas sont passagères!

Il n'y eut point cette fois, comme l'année précédente, une entrée triomphale et solennelle. La garde nationale qui occupait les barrières, fut relevée par les troupes étrangères, et l'on observa de part et d'autre, le même ordre, la même humeur que si l'on eût été camarades.

Je vis des milliers de curieux qui s'étaient portés à la barrière des Champs-Elysées pour voir entrer les Anglais. Ils étaient là fort tranquilles, impatients même, et semblaient disposés à recevoir la visite des alliés, comme Catherine de Médicis reçut la tête de l'amiral Coligny,

> Sans crainte, sans plaisir, maîtresse de ses sens,
> Et comme accoutumée à de pareils présens.
>
> Volt., *Henriade*.

Le seul désagrément qu'on éprouva, ce fut de ne point voir le spectacle auquel on s'attendait. « Ce n'est que cela! » répétait-on, en voyant que tout se bornait à relever les postes.

Il est vrai que la pompe martiale déployée le 31 mars, avait laissé des impressions profondes. Un immense cortége, à la tête duquel figuraient des empereurs et des rois, une multitude de généraux revêtus de leurs brillans uniformes, et terminé par vingt mille hommes sous les armes, s'était montré sur le boulevard. Ce qu'il y avait de plus remarquable dans la marche de cette armée, c'était la conduite modeste des guerriers. Quelques feuilles de lauriers décoraient leurs bonnets; mais ce signe de la victoire était tempéré par l'écharpe blanche que tous les officiers et soldats portaient au bras, comme emblême de paix et d'amitié. Les prétendus barbares du Nord semblaient avoir reçu de leur généreux monarque un sentiment qui appartient à la civilisation la plus raisonnée : celui qui fait craindre d'offenser par un regard le parti sur lequel la fortune nous donne des avantages.

Vous jugerez aisément que cette insensible et stupide curiosité d'hommes qui disaient : *Ce n'est que cela!* se bornait aux dernières classes du peuple. Tout Français éclairé, tout Français ami de son pays, versait des larmes de sang à l'aspect de cette humiliation cruelle et réitérée. Les honnêtes gens n'avaient point participé aux crimes qui avaient désolé l'Europe, mais ils allaient en supporter le châtiment et sur-tout la honte infaillible; honte que tous les momens, tous les objets allaient accroître (1).

Mais si l'orgueil national était offensé de la reddition de Paris, aucun vrai patriote n'avait désiré que cette ville fût défendue. Une résistance évidemment inutile n'était désirée que par les hommes qu'animait l'espérance du pillage, ou par un petit nombre d'étrangers qui n'avaient rien à risquer, rien à perdre. Un de ces messieurs, historien célèbre, déclamait dans une société distinguée, sur le devoir de la résistance et sur l'ignominie d'une capitulation. Un de mes amis ne put s'empêcher de dire : « On voit que monsieur n'a rien à Paris que son écritoire. »

---

(1) L'auteur anglais tombe ici dans une grande erreur, en présumant que les Français, véritablement amis de leur pays, *versèrent des larmes de sang* lors de l'entrée des alliés : les larmes sincères qui furent versées, le furent au départ du meilleur des Rois. Depuis ce jour fatal, les cœurs étaient fermés à tout autre objet qu'au retour du Prince légitime. Le besoin d'être débarrassé du plus monstrueux esclavage et d'être préservé des horreurs de 1793, a fait désirer que les alliés vinssent nous rendre notre Roi. (*N. du t.*)

En effet, plus d'un étranger vient en France depuis quelques années, comme on va à un mélodrame, dans l'espoir d'assister à des évènemens extraordinaires. Plus la tragédie est pathétique, plus ces sensibles amateurs s'amusent.

Aussi, pendant le règne de Napoléon, rien ne surprenait plus les Français sensés, que d'entendre quelques voyageurs étrangers parler en faveur de Buonaparte, et le préconiser comme un héros (1). Ces étrangers ne s'imaginaient guère l'effet que produisait un tel panégyrique sur un cercle parisien, composé en général de personnes qui ont souffert de la révolution ou de la tyrannie impériale. Il fallait toute la politesse naturelle aux Français pour que ces éloges ne les poussassent point à bout.

J'ajouterai que, depuis bien des années, personne en France ne faisait l'éloge de Napoléon, à moins que ce ne fût dans les journaux ou dans des adresses destinées à être dé-

---

(1) Ce qui doit surprendre davantage, c'est d'avoir entendu plusieurs officiers anglais en parler avec éloge, et le plaindre même de ce que les Français le traitaient avec le plus profond mépris.

Ces messieurs puisaient sans doute leur doctrine dans le *Morning-Chronicle?* (*N. du t.*)

posées aux pieds du trône (1). Vous pouviez interroger dans un sallon tous les ministres, tous les sénateurs, tous les conseillers d'état; aucun d'eux ne portait l'inhumanité jusqu'à vanter les exploits meurtriers du chef du gouvernement. Tous ces personnages, seuls avec leurs amis, traitaient assez lestement Napoléon. Si des inconnus se trouvaient présens, ils gardaient le silence. On ne pouvait leur faire un crime de ce respect humain, exigé par leurs fonctions; mais jamais il n'arrivait qu'aucun d'eux embrassât la défense de Buonaparte.

Les Français, sous un rapport, sont encore les mêmes que du temps de Mazarin. Ils supportent tout, pourvu qu'on leur donne la liberté de chanter et de rire.

Au retour de Napoléon de Moscou, un des amusemens de la société consistait à imaginer des caricatures qui n'auraient point trouvé de crayons assez hardis pour les tracer; mais on en faisait la description comme si elles eussent existé réellement. Je me souviens d'une de ces caricatures qui représentait, disait-on, l'entrée des Français à Moscou. L'armée de Buonaparte s'avançait vers la porte, qui était toute grande

(1) *Voy.* le discours prononcé aux Tuileries par l'*ex-académicien* Etienne, p. 73.

ouverte. Là, un Cosaque se tenait tout prêt à introduire les conquérans, comme si c'eût été à la porte d'un spectacle. Un *label* placé à la bouche du Cosaque, portait cette inscription : « Entrez, entrez, messieurs, on ne paiera qu'en sortant. »

Mais finissons cette digression, et revenons aux alliés en possession paisible de Paris.

Les Anglais et les Prussiens campèrent les uns auprès des autres aux Champs-Elysées. Les tentes des Anglais offraient, au travers des arbres, un aspect pittoresque. Là je vis des compatriotes dans ce qui était étranger aux yeux des autres. Je les entendis parler familièrement ma langue maternelle. Je ne pus m'empêcher de m'entretenir avec les vainqueurs de Waterloo, et j'espère que mes amis de France me pardonneront si j'éprouve quelque orgueil d'être née en Angleterre. Plusieurs dames de Paris, qui se promenaient, s'avisaient de parler aux sentinelles en mauvais anglais, tel qu'elles l'avaient appris dans leur pension. Les pauvres soldats, fort étonnés, ne pouvant comprendre un mot de ces discours prononcés avec un accent étranger, ne savaient que répondre.

Pendant les trois jours laissés par la capitulation pour l'entière évacuation de Paris, le corps législatif s'occupa sans relâche de ses travaux constitutionnels. La constitution n'allant pas assez vite, on en fit d'abord un abrégé en forme de déclaration, par imitation du *bill des droits* (bill of rights), qui signala l'époque de la révolution d'Angleterre en 1688 (1).

---

(1) Ces énergumènes firent des propositions plus extravagantes les unes que les autres.

Le général Mouton-Duvernet demanda que tous les Français fussent tenus de s'armer *depuis l'épingle jusqu'au canon* (ce furent ses propres termes).

Le général Sorbier, à qui le Roi avait conféré quelques mois auparavant le grand cordon de la Légion d'honneur, et commandeur de l'ordre de saint Louis, en accompagnant ces grâces des paroles les plus obligeantes, appuya en partie la proposition faite par M. Jay, d'imprimer, sans exception, toutes les pièces, mémoires, documens, *instructions*, etc. qui avaient servi aux négociations entamées par la commission exécutive. « Je demande au moins, dit M. Sorbier, qu'on imprime la proclamation de Louis XVIII (celle de Cambray). Il y a encore nombre de bons citoyens persuadés que le retour de Louis XVIII ne sera signalé que par des actes d'une bonté toute paternelle ; il faut qu'ils sachent que la proclamation dont il s'agit prouve précisément le contraire. Il faut qu'elle soit lue en pleine séance. »

M. Garrau, ancien conventionnel et régicide, fit la même proposition ; elle fut rejetée, et c'était là justement ce que ces messieurs demandaient : on aurait reconnu combien leurs insinuations étaient perfides. En effet, ceux qui dans la suite ont voulu donner à l'amnistie la

Les débats devenaient d'autant plus violens que le danger s'approchait davantage. Pendant que le canon des assiégeans retentissait aux oreilles de ces Lycurgues et de ces Solons modernes, ils décrétèrent une adresse aux puissances alliées, déclarant que les Bourbons étaient rejetés par eux comme ennemis des nouvelles doctrines; qu'aucune proposition de paix ten-

---

plus grande extension, et les plus grands coupables traduits en jugement, n'ont pas manqué d'invoquer les expressions bienveillantes de la proclamation de Cambray.

M. Defermon, qui avait insisté avec énergie pour la proclamation du jeune Napoléon, cessa de parler depuis cette époque. MM. Regnaud, Boulay et Merlin gardèrent le même silence. Garat et Barrère ne s'occupèrent plus que d'idéologie. Ce dernier, en discutant le ridicule projet de constitution, soutint, sur l'hérédité de la pairie, un système tout opposé à celui qu'il avait exposé dans une brochure lors de la publication de l'acte additionnel. Il dit que depuis *six semaines* il avait fait des *réflexions*, et qu'il était beau de confesser soi-même ses erreurs. En effet, les choses étaient bien changées. L'opinion de M. Barrère se réduisait à ceci : il aurait voulu que les pairs de Buonaparte fussent *héréditaires*, et ceux de Louis XVIII simplement *à vie : fas est et ab hoste doceri.*

Quant à M. Dumolard, il s'était enroué en lisant le procès-verbal du 1er juillet; depuis ce temps il ne parla plus que sur des choses insignifiantes, et ne manifesta aucune opinion ni pour ni contre la légitimité. (*N. du t.*)

dante au rétablissement de cette famille, ne serait ni reçue ni écoutée, et qu'ils périraient plutôt que de se soumettre au joug (1).

Le 28 juin, le Roi avait publié à Cambray une proclamation dans laquelle il déclarait son intention de convoquer immédiatement les deux chambres. L'assemblée répondit à cette menace par sa déclaration des droits et par sa constitution improvisée (2).

---

(1) Miss Williams se trompe, ce n'est point du tout là le sens de la déclaration, dont elle donne cependant la traduction dans son *appendix*. La déclaration n'excluait pas nominativement les Bourbons, mais elle imposait au Roi qui devait régner sur la France, des conditions telles qu'aucun descendant de Henri IV n'eût pu les accepter. On y avait parfaitement mêlé la liberté civile, la liberté de la presse, la liberté des cultes, l'irrévocabilité des ventes des biens nationaux, l'abolition de la confiscation, et autres bienfaits déjà consacrés par la Charte, à des dispositions absolument inadmissibles, telles que la suppression de toute noblesse et la conservation de la cocarde tricolore. On voulait que telles fussent les bases d'une constitution nouvelle, qui serait décrétée par la représentation nationale et acceptée par le peuple. (*N. du t.*)

(2) On a remarqué que, pour échapper à l'alternative d'y insérer les mots d'*empereur* ou de *roi*, les fabricateurs de la nouvelle charte imaginèrent l'admirable expédient de se servir du titre de *monarque,* et de subs-

Les deux camps ennemis étaient l'un au palais du corps législatif, l'autre à Arnouville, près Saint-Denis, où le Roi venait de s'établir. Les représentans n'avaient pour alliés que la populace. La plus vile canaille se tenait en dedans des barrières et insultait tous les habitans qui avaient l'imprudence de rentrer avec la cocarde blanche.

Une multitude de Parisiens s'étaient portés à Saint-Denis, afin de contempler vingt-quatre heures plutôt un monarque chéri. Tous s'étaient pourvus de cocardes blanches cachées dans leurs poches, et ils avaient attendu qu'ils fussent hors de la barrière pour les attacher à leur chapeau. Quelques-uns oublièrent d'ôter ce symbole à leur retour ; on les punit cruellement de leur témérité. Je connais une famille qui s'était rendue en pélerinage à Arnouville : tous les hommes avaient la cocarde blanche, toutes les femmes avaient des lis dans leurs chapeaux. Ils dédaignèrent de les cacher en entrant dans la ville ; aussitôt la populace s'ameuta, elle lança des pierres dans la voiture, en s'écriant : *A bas*

tituer les mots de *territoire* ou d'*état*, à celui de *royaume*. Cependant il y avait des articles où, par inadvertance, se trouvaient les mots de *procureur impérial*, de *trésor impérial*, etc. (*N. du t.*)

les coquins de royalistes, à la lanterne! Un des hommes était déjà entraîné hors du carrosse et allait subir un sort déplorable, lorsque la garde nationale arriva et l'arracha, ainsi que sa femme et sa fille éplorées, des mains des brigands (1).

Tel fut le dernier jour du triomphe de la canaille, qui, sans crainte des baïonnettes anglaises ou prussiennes, ne cessait de crier: *Point de Bourbons! vive la représentation nationale! vive la liberté* (2)!

---

(1) Un grand nombre de gardes nationaux furent sabrés par la gendarmerie au moment où ils se présentaient à la barrière, avec la cocarde blanche au chapeau. Ils furent long-temps poursuivis par cette cavalerie, et obligés de faire un long détour pour rentrer dans Paris. (*N. du t.*)

(2) Disons à la louange de ces hommes égarés, qu'ils résistèrent à toutes les suggestions qu'on leur fit pour obtenir d'eux qu'ils eussent l'air d'abattre *spontanément* la statue d'Henri IV sur le terre-plain du Pont-Neuf. L'aspect de la statue du bon Roi importunait le *Corse*, mais il n'osait la faire enlever. Il se crut même obligé de feindre l'intention de faire continuer le monument commencé. Pendant ce temps-là on travaillait les faubourgs. Le jour même où les fédérés, pour me servir de l'énergique expression de miss Williams, vinrent fraterniser avec Napoléon, fut celui fixé pour ce sacrilége. Les fédérés du faubourg Saint-Marceau de-

Tandis que le Roi annonçait dans sa proclamation qu'il rentrait en France pour s'établir comme médiateur entre les armées étrangères et les Français, l'assemblée choisit une commission de quatre députés pour se rendre au quartier-général des Souverains, avec la déclaration qu'elle venait de rendre, et solliciter leur intervention entr'elle et Louis XVIII.

Au surplus, cette contestation diplomatique fut décidée à Paris presque aussi promptement que l'avait été l'affaire de Waterloo. Pendant que la chambre attendait le rapport de ses commissaires, et qu'elle délibérait sur la grave question de savoir si, dans la nouvelle constitution, la pairie serait à vie ou héréditaire, un message de la commission de gouvernement annonça que les Souverains alliés s'étaient formellement

---

vaient, en sortant du Carrousel, prendre le guichet du Louvre, les quais de la rive droite et le Pont-Neuf. Alors il n'eût pas été difficile d'aposter des hommes pour insulter à la statue d'Henri IV, et en provoquer la destruction ; mais les rapports de la police sur les dispositions des esprits ne furent pas favorables. Plusieurs groupes criaient *à bas la calotte!* mais la plupart de ces hommes étaient tristes ; ils se voyaient à la veille d'être arrachés à leurs familles pour faire le service des troupes de ligne : en conséquence le projet fut ajourné.

(*N. du t.*)

engagés à replacer Louis XVIII sur le trône; qu'il allait faire le même jour, ou le lendemain au plus tard, son entrée dans la capitale, et que déjà le palais des Tuileries était au pouvoir des troupes étrangères.

« Dans cet état de choses, ajoutait la com-« mission, il ne nous reste plus qu'à faire des « vœux pour la patrie; et nos délibérations ne « pouvant être libres, il est de notre devoir de « nous séparer. »

La chambre des pairs reçut froidement l'arrêt porté par les Souverains alliés, et se retira en silence. Celle des représentans ne fut pas aussi patiente. Elle entendait le rapport d'un commissaire sur je ne sais quel article de son projet de constitution, lorsque l'arrivée du message du gouvernement interrompit l'orateur à la tribune. Le message lu, on reprit la délibération. L'orateur (M. Manuel) termina sa harangue en citant et appliquant à ce club les paroles mémorables de Mirabeau à l'assemblée nationale, paroles qui auraient pu recevoir une meilleure application : « Nous sommes ici, di-« sait Mirabeau, par la force du peuple, nous « n'en sortirons que par la force des baïon-« nettes (1). »

(1) On a remarqué avec beaucoup de raison que ces

Après une courte discussion sur des objets frivoles, la séance fut ajournée au lendemain neuf heures du matin (1). Le 8 juillet, les députés arrivèrent dès huit ou neuf heures, et trouvèrent le palais occupé par des gardes nationaux et par des gendarmes qui ne leur permirent pas d'y entrer. Quelques-uns se rendirent chez leur président, où ils consignèrent

---

paroles auraient dû être retournées. Ces messieurs pouvaient dire : *Nous sommes ici* par la force des baïonnettes, nous en sortirons *par la volonté du peuple.*

(*N. du t.*)

(1) Quelques membres s'opposèrent avec instances à cette mesure, et demandèrent que l'assemblée fût déclarée permanente; mais la grande majorité voyait que la comédie touchait à son dénouement.

C'est ici qu'il convient de remarquer que, deux ou trois jours auparavant, dans une séance du soir, M. Regnaud, natif de Saint-Jean-d'Angely, avait fait une proposition des plus insidieuses. Elle tendait à laisser dans la salle la moitié des membres, tandis que l'autre moitié irait prendre le repos nécessaire. Quelques frères et amis trouvaient l'avis fort commode; ils auraient profité, pendant leur tour de veillée, de l'absence des honnêtes gens pour prendre, *au nom de tous*, des mesures désastreuses. M. Tripier éventa le projet; il déclara ne point reconnaître de *fractions délibérantes*, et l'assemblée prit le parti plus sage d'aller se coucher toute entière. (*N. du t.*)

une protestation datée du même jour, dix heures du matin.

La matinée du 8 juillet combla les espérances des bons Français. L'étendard tricolore, qui flottait encore sur les tours et les monumens de la capitale, et paraissait braver le drapeau blanc arboré sur les clochers de Saint-Denis, fut enlevé et remplacé par le véritable drapeau national.

On savait bien que le Roi ferait ce jour-là son entrée, mais le public ignorait si cette entrée aurait lieu par la porte Saint-Denis ou par une route moins fréquentée qui conduit à la barrière de Clichy. Tout était incertain, si ce n'est la joie de l'immense majorité des citoyens qui couraient en foule vers les barrières, enfin rouvertes, pour saluer le Monarque légitime.

Le Roi et sa famille reçurent ces hommages avec une sensibilité profonde. Le comte d'Artois, qui sait toujours dire quelque chose d'agréable à ceux qui l'approchent, dit : « Mes « amis, vous serez contens de nous. »

Déjà une révolution semblait s'être faite dans les esprits des turbulens fédérés des faubourgs. Ils ne criaient pas encore *vive le Roi!* mais leurs expressions devenaient plus modérées. Les Bourbons, disaient-ils, sont de bons princes : le Roi est un brave homme; mais *vive l'empereur !*

Louis XVIII, accompagné de S. A. R. *Monsieur* comte d'Artois, de S. A. R. le duc de Berry, et d'une escorte nombreuse de troupes de ligne et de garde nationaux, rentra enfin dans sa capitale.

J'avais vu plus d'une fois des cortéges impériaux. Plusieurs régimens de lanciers, des groupe s de pages entassé derrière et devant le carosse du sacre, des chevaux magnifiquement harnachés et tout couverts de plumes flottantes, enfin, le principal personnage de la fête revêtu de riches habits (1) : tout ces objets semblaient solliciter vainement les applaudissemens. Il est vrai que les journaux du lendemain parlaient d'acclamations continuelles que personne n'avait entendues, et de transports d'allégresse que personne n'avait sentis.

D'un autre côté, le public était toujours préparé aux cérémonies par des programmes qui annonçaient le lieu et l'ordre de la marche.

A l'entrée de Louis XVIII, il n'y eut point de programme, car il ne s'était fait aucun pré-

(1) L'auteur anglais devait ajouter : Et balançant sa tête d'une manière uniforme et cadencée, comme ces statues de plâtre que l'on vend dans les rues. (*N. du t.*)

paratif. Le cortége fut moins somptueux, mais sa composition bien différente (1).

Non, Buonaparte, dans tout l'éclat de ses importantes conquêtes, ne fut jamais aussi fêté. Le peuple, qui forme le spectacle le plus intéressant de ces solennités, où il vient comme spectateur, le peuple est un composé de machines morales : on ne saurait commander ni réprimer ses émotions. On ne vit pas une seule bouche parjure, adresser des hommages qui fussent démentis par le cœur. C'était l'effusion d'une félicité réelle, et rien n'est contagieux comme l'attendrissement d'une grande multitude. C'était la joie des larmes, car le peuple pleurait, et le Souverain ne pouvait contenir ses pleurs.

Pendant tout le temps qu'il suivit les boulevards, les fenêtres furent encombrées de spectateurs. Des milliers de femmes vêtues de blanc agitaient des mouchoirs (2). La soirée se

(1) Sur l'un des côtés latéraux du chemin de Saint-Denis à la barrière de Paris, un homme du peuple, que la joie rendait fou, criait à perdre haleine : « Y n'a « pas peur celui-là ; y vient en plein jour. Y n'fait pas « pas comme les chauve-souris. » Et le même homme, après avoir contemplé le visage auguste du Monarque, courait de nouveau, aux cris de *vive le Roi!* (*N. du t.*)

(2) L'auteur anglais n'a pas eu le bonheur d'être

termina par des illuminations spontanées, dans toute la force du mot; car il n'avait été donné aucun ordre à cet effet. Mais tout le monde s'entendait; et, comme par l'effet d'une baguette magique, toute la capitale fut subitement illuminée. Les plus pauvres habitans ne se montrèrent point avares dans cette démonstration de la joie commune. Si des centaines de lampions dessinaient des arcs de feu aux hôtels du riche, les fenêtres de l'indigent étaient éclairés au moins d'un bout de chandelle (1).

---

présent à l'apparition du Monarque au balcon de la pièce des Suisses, du côté du jardin. Non, rien ne peut peindre l'enthousiasme qui éclata à la vue du meilleur des Rois. Le Monarque, accompagné de son frère et de son neveu, ne pouvait retenir ses larmes, et semblait dire, en portant la main sur son cœur : *Ah! qu'il est doux d'être aimé ainsi!*

La magie de ce tableau ne peut se concevoir. Les cris, les battemens de mains, les chapeaux, les bonnets de grenadiers de la garde nationale qui volaient de toutes parts, formaient le tableau le plus enchanteur. Le Roi y mit le comble, en descendant au jardin. Il fut obligé de rentrer promptement, escorté de quelques-uns de ses gardes et de gardes nationaux, tant la foule avide de le voir devint pressante. (*N. du t.*)

(1) C'est dans le faubourg Saint-Antoine que l'illumination fut la plus remarquable. La majorité saine de ce quartier voulut venger la loyauté de tous, compromise

A l'entrée de la nuit, nous vîmes sur les hauteurs voisines s'allumer les feux des camps anglais et prussiens. Le canon tirait par intervalles et ajoutait à l'imposante majesté de cette scène. L'artillerie produisait l'effet de ces instrumens dont les sons pleins, graves et monotones, frappent successivement l'oreille et servent à marquer la cadence des traits légers et brillans d'un concert.

La joie des Parisiens se montra plusieurs jours encore après le 8 juillet. On ne négligea rien pour que le Roi fût convaincu de l'enthousiame avec lequel on le voyait revenir. Aucun peuple ne sait mieux que les Français faire connaître qu'il est heureux. Des malheurs prolongés ont quelquefois donné une teinte plus sérieuse à leur caractère, on les a même vus tristes, mais leur humeur naturelle est la gaîté. C'est toujours en dansant que les Français manifestent leur joie. Le jardin des Tuileries, dont les personnes du bon ton s'étaient éloignées pendant les trois mois, comme d'un

---

par quelques mauvais sujets. Les artisans en boutique, qui n'avaient pas de fenêtres sur la rue, et qui auraient pu se dispenser d'illuminer, mirent des lampions sur les bornes ou sur les degrés du seuil de la porte.

(*N. du t.*)

lieu pestiféré, redevint le rendez-vous de la meilleure compagnie. De jeunes dames, des demoiselles couronnées de lis formaient des rondes. Elles dansaient sous les fenêtres du château, au son de quelques instrumens, ou, plus souvent encore, au son de chansons improvisées. Le Roi se montrait de temps en temps; il envoyait des baisers avec sa main; et par-fois on le voyait essuyer ses yeux, tant ce témoignage de l'affection publique faisait sur lui une impression profonde (1).

(1) Pourquoi faut-il qu'un ministre perfide ait troublé cette joie, en faisant retirer de très-bonne heure du jardin, ceux qu'une félicité si douce y rassemblait! On pense bien qu'il est question ici du régicide Fouché. (*N. du t.*)

CHAPITRE XII.

Embarquement de Buonaparte. — Caractère de cet homme.—Sa conduite envers les Etats-Unis.—Police des journaux. — Esclavage des gens de lettres. — Causes de l'expédition de Russie.

Tandis que le peuple de Paris se livrait à une joie folle, celui qui venait de rendre, une seconde fois, le trône de France à la dynastie de ses anciens et légitimes Rois, se hâtait de chercher un asile dans le nouvel hémisphère. La commission exécutive lui avait fait préparer deux frégates dans la rivière de la Charente. Arrivé à Rochefort, Buonaparte trouva la rade bloquée par une escadre anglaise. Il n'avait d'autre espoir de salut que de chercher, comme l'a dit si éloquemment le célèbre Pitt, à se mettre sous la protection de quelque tempête (1). Mais il régnait un calme profond et

(1) Ce mot avait rapport aux jactances qu'on voyait sans cesse dans le Moniteur et dans les autres journaux, sur la probabilité de faire la descente en Angleterre, à la suite d'une tempête qui aurait éloigné les croisières ennemies. (*N. du t.*)

prolongé. Buonaparte accusa en vain les élémens. Il n'y eut d'autre tempête que celle qui pouvait s'élever dans son cœur agité. On aurait dit qu'il avait perdu son précieux talisman; car bien des gens croyaient autrefois que, par une espèce de pacte avec des puissances célestes ou infernales, il pouvait diriger à son gré le beau ou le mauvais temps. Elle était passée, cette époque où certains Parisiens disaient avec une confiance stupide le matin d'une fête impériale : « Il pleut, le temps est couvert, mais « soyez certain que le soleil paraîtra au mo« ment de la sortie de l'empereur (1). »

Une forte bise s'éleva enfin. Buonaparte demanda avec empressement au capitaine d'une des frégates, si ce n'était pas là le moment de s'échapper. Le capitaine répondit qu'il était tout prêt à suivre ses ordres; mais en même temps il ajouta, en montrant avec un geste énergique le ciel et la mer : « Nous pourrions « bien aller là-haut ou là bas. » Cela voulait dire qu'on était exposé à être coulé bas ou à sauter en l'air. Buonaparte aimait trop la vie pour ne pas frissonner de l'alternative. Les

(1) La veille du sacre de l'usurpateur, M. l'abbé de P*** disait, en montrant la beauté du ciel à ceux auxquels il parlait : « C'est l'étoile de l'empereur ! » (*N. du t.*)

Anglais l'avaient vaincu sur la terre où il les avait si long-temps défiés ; comment les braver sur un élément dont ils se croient les dominateurs ? En un mot, après avoir éprouvé la valeur des Anglais, il résolut de faire un appel à leur générosité. Il ouvrit des pourparlers avec le commandant de l'escadre anglaise, et bientôt après, *à l'abri du pavillon blanc* (1), il dirigea sa course vers la frégate anglaise, et se constitua prisonnier à discrétion, à cette seule condition, qu'il aurait la vie sauve.

Ainsi finit l'histoire politique de Buonaparte. Relégué à cinq ou six cents lieues de toute espèce de terre habitée, il est sans contredit privé à jamais de la possibilité d'aspirer au gouvernement. Quoiqu'il soit condamné à supporter l'existence, il a dit un éternel adieu à la

(1) On a remarqué ce fait; mais on n'a pas fait sentir, dans ces derniers temps, une autre preuve de l'abaissement de Buonaparte. Arrivé à Paris, il voulut éviter de se brouiller avec les étrangers. Les Anglais auraient couru sur le pavillon tricolore; il ordonna, par un décret qui fut inséré dans les journaux, de laisser subsister, jusqu'à nouvel ordre, le pavillon blanc sur les vaisseaux de guerre ou marchands. On fit plus : les passeports et autres actes expédiés dans les bureaux de la marine, continuèrent de porter les armoiries fleurdelisées. (*N. du t.*)

génération actuelle. Son nom n'appartient plus qu'à l'histoire, pour devenir comme celui de Néron,

Des plus cruels tyrans la plus cruelle injure.

Racine, *Britannicus*.

Je ne tracerai pas l'esquisse du caractère de cet extraordinaire personnage. Qui oserait, dans le temps où nous sommes, se charger d'une pareille tâche ? c'est à la postérité à faire son portrait. Le temps placera sa figure sous le point de vue convenable, et en fera un excellent objet d'étude pour le genre humain.

A présent, et sur-tout en France, nous le voyons de trop près. Son influence a été si puissante et si prolongée, qu'il a effrayé et frappé de stupeur ceux mêmes de ses contemporains dont il a respecté la vie. C'est ainsi que le vent d'un boulet de canon renverse à terre ceux même qu'il épargne.

Mais tout en laissant aux historiens futurs le soin de dessiner d'un crayon vigoureux les traits de cette image effrayante, et d'en nuancer habilement le clair-obscur, nous pouvons nous borner à quelques détails isolés de son caractère.

Les sages de l'antiquité se vantaient d'avoir chacun leur démon familier; le démon familier de Buonaparte était son *destin*. Il agissait comme s'il se fût imaginé être sous l'influence immédiate d'une sorte de puissance surnaturelle. Se livrait-il à l'acte de la plus criante injustice? il semblait se persuader à lui-même que le *destin* l'avait ainsi ordonné. Sa croyance à une supériorité incontestable sur les autres mortels était si fortement enracinée dans son esprit, qu'il ne regarda pas comme une insulte, l'éloge bas et outré que lui adressa un de ses flatteurs revêtu de la pourpre ecclésiastique : *Dieu créa Napoléon et se reposa*, dit ce ministre de l'Église (1).

Buonaparte trouvait favorable à ses vues d'encourager toutes les idées extravagantes qu'on pouvait avoir de lui. Chaque siècle a ses superstitions : les prêtres de Jupiter-Ammon reconnurent dans Alexandre, roi de Macédoine, le fils de cette divinité.

Dans le moyen âge, on a cru que le caractère des hommes était sujet à l'influence des planètes;

(1) L'auteur anglais se trompe; ce flatteur... est le général de brigade *Lachaise*, alors préfet du Pas-de-Calais.

. . . . . . « Tranquilles sur nos destinées, nous sa« vons tous que pour assurer le *bonheur* et la *gloire* de « la France....., et fixer enfin la *paix* sur la terre, DIEU « CRÉA BONAPARTE ET SE REPOSA! » Discours au premier consul; *voyez* Moniteur du 17 messidor an XI. (*N. du t.*)

mais depuis, on a trouvé les astres parfaitement innocens des maux qu'on leur imputait.

La manie du jour est la science de la physiognomonie. Jamais les Romains n'ont attaché plus d'influence aux présages heureux ou malheureux, que les modernes n'en mettent à certaines conformations de la figure et même du crâne.

Une personne de ma connaissance avait coutume, toutes les fois qu'on citait un nouveau trait de folie ou d'atrocité de Buonaparte, de secouer la tête sans rien dire. J'en fis souvent la remarque. Je fus curieuse de connaître l'opinion de ce monsieur.

« Eh bien! répondit mon grand physiono-
« miste, je vous dirai que lorsque je vis Buona-
« parte pour la première fois, il y a dix ans,
« en Italie, j'augurai très-mal de sa destinée.
« Sa tête participe trop de l'organisation du
« tigre et du paon : la cruauté et l'orgueil doi-
« vent donc dominer en lui. » Est-ce l'organisation vicieuse de Buonaparte qui a détruit chez lui les bonnes qualités du cœur, ou bien sont-ce ces qualités innées qui ont déterminé sa conformation extérieure? Je laisse ce point à décider aux méthaphysiciens et aux anatomistes.

Bien des personnes ont cru que Buonaparte était dans un état habituel de folie, avec quelques intervalles lucides. C'est une morale bien douce que celle qui tend à diminuer l'horreur pour le crime, en attribuant ses excès à l'extravagance.

Si Buonaparte était fou, il y avait dans sa folie trop de méthode pour qu'il ne soit pas permis de le classer parmi les grands criminels.

Très-certainement il se livrait par fois à des accès de folie à l'égard de ses ministres et de ses généraux, mais ces accès pouvaient être calculés. Les premiers étaient autorisés à le croire insensé, lorsqu'il répondait à leurs observations par un coup de poing ou par un coup de pied (1); mais sa fureur impériale n'allait jamais jusqu'à user de voies de fait envers les maréchaux (2). Buonaparte avait prudemment observé que ces gens-là portaient comme lui une épée.

Souvent il donnait ses ordres avec les mêmes mouvemens convulsifs qu'éprouvait la pythonisse de Delphes en rendant ses oracles. Il était sujet à des attaques d'épilepsie (3). Les

(1) Le sénateur V...y et le ministre C...l ont, dit-on, éprouvé les effets de sa mauvaise humeur. (*N. du t.*)

(2) Un des maréchaux d'*Empire*, menacé par Buonaparte, lui répondit : « Je ne vous crains pas plus qu'un boulet de canon. » On sait avec quelle vigueur Lannes l'a souvent redressé. (*N. du t.*)

(3) On assure qu'un apothicaire de Paris, appelé à

Français, enivrés de ses victoires, ne faisaient point attention à la cruauté endurcie avec laquelle, après une bataille, il allait sur le champ du carnage compter le nombre des hommes que son ambition avait fait égorger (1). On lui pardonnait son excessive vanité, parce que ses triomphes étaient partagés par la grande nation, par un pays qui donnait des lois à l'Europe entière. La vérité est que Buonaparte méprisait le genre humain en général. Il avait sur-tout la plus profonde aversion pour ce qu'il appelait l'*idéologie*, et se révoltait à l'idée que le peuple prétendît exercer une part du gouvernement.

Je me souviens avoir entendu dire, il y a quelques années, par des députés de la république helvétique, que dans une conversation

---

Vienne pour le traiter, reçut le *brevet* de baron, qu'il porte encore aujourd'hui, malgré le ridicule d'une pareille *patente*. C'est, dit-on, le même apothicaire qui fut appelé par Buonaparte, quelques jours avant son *dernier* départ de Paris, pour lui préparer de l'*opium fulminant* renfermé dans une bague. L'apothicaire s'empressa de *faire désavouer* le fait; mais le bruit en était déjà répandu. (*N. du t.*)

(1) Le rédacteur du bulletin de la bataille d'Eylau a osé prétendre que c'était pour Buonaparte « un devoir d'aller visiter une plaine qui était couverte de morts et de mourans. » (*N. du t.*)

qui eut lieu aux Tuileries, il proposa certains règlemens. Les députés répondirent que le peuple n'en souffrirait jamais l'exécution : « Le « peuple! s'écria Buonaparte, qu'est-ce que le « peuple? qu'est-ce que savent faire ces gens-« là? Que les cordonniers se mêlent seule-« ment de faire des souliers. »

Quoique Buonaparte parût faire sa cour au gouvernement des États-Unis, à cause des dispositions hostiles toujours croissantes entre ce gouvernement et celui d'Angleterre, dispositions qu'il espérait amener à une haine implacable, il se livrait quelquefois contre les Américains aux expressions les plus insultantes.

Heureusement les ministres de cette puissance ne comprenaient pas toute la force des expressions, car la plupart ne connaissaient pas bien les finesses de la langue du pays où ils étaient chargés de représenter leur gouvernement (1).

(1) « J'ai l'honneur, disait un ministre américain à Buonaparte, de vous présenter un respectable *marchand* américain. » Cet ambassadeur présentait un négociant (en anglais *merchant*); mais le mot français *marchand* qu'il y substituait, par une fausse analogie, signifie plutôt un *débitant*. Buonaparte courroucé, ne répondit rien; mais s'adressant à son maître des cérémonies, il lui ordonna d'informer le ministre américain qu'il ne recevait point de *marchands* aux Tuileries. (*N. du t.*)

Au surplus, il faut en excepter M. Barlow, l'avant-dernier ambassadeur. Sa longue résidence en France l'avait mis au fait, non-seulement de la langue, mais encore du caractère du chef. Ce ministre distingué, comme homme de lettres, était connu aussi par son attachement aux principes qui gouvernent sa patrie. Il s'était absolument prononcé contre la guerre qui menaçait d'éclater entre l'Amérique et l'Angleterre, et que Buonaparte suscitait de tout son pouvoir.

Buonaparte n'était pas seulement jaloux de répandre par tout l'univers le bruit de son nom (1), il désirait connaître ce que l'on pensait de lui en Angleterre. Il ne savait pas l'anglais, mais il avait des traducteurs qui, chaque matin, lui faisaient passer régulièrement des extraits des journaux de Londres, traduits en français. Il se montrait également indifférent

(1) On croit apercevoir ici le motif de Buonaparte, d'attacher près de lui M. Barlow dans la campagne de Moscou. S'il eût triomphé dans cette guerre, M. Barlow eût annoncé au Nouveau-Monde les éclatans succès de Napoléon. Les destins en ordonnèrent autrement : l'armée française périt, et M. Barlow ne survécut pas longtemps à ces désastres. Il mourut dans un village près de Cracovie, en revenant de Wilna par les états autrichiens. (*N. du t.*)

aux éloges ou aux invectives. Lorsqu'un paragraphe lui paraissait plus virulent que les autres, il faisait traduire le même morceau par une autre personne : s'il trouvait les expressions plus choquantes que celles de la première version, ce qui n'était pas rare, il réprimandait vertement le premier traducteur d'avoir voulu épargner sa susceptibilité impériale. Les interprètes de son cabinet finirent non-seulement par ne négliger aucune épithète, mais par ajouter encore à leur force s'il était besoin.

Les papiers-nouvelles des Anglais avaient à ses yeux les mêmes effets que des notes diplomatiques. Il croyait y trouver, sur la situation de l'Europe, des renseignemens plus exacts que ceux que lui procuraient ses émissaires près des différentes cours. Les traducteurs faisaient souvent d'étranges bévues, sur-tout dans la transcription des noms propres ; mais souvent il collationnait la traduction avec l'orignal.

Dans un de ces examens, mon nom tomba sous ses yeux. Il se trouva joint à quelques vers que j'avais écrits sur la paix d'Amiens. Pourquoi, demanda-t-il, n'a-t-on pas traduit ces vers ? Le traducteur, que je connais, répondit qu'il avait obéi à ses ordres, de ne faire aucun extrait de pièces de poésie ou de littérature dans lesquelles son nom ne serait pas mentionné.

C'était ce que Buonaparte ne pouvait croire. Comment faire une ode à la Paix, sans parler du *grand pacificateur?* mot sonore qui retentissait dans toute la France; mot gravé sur le marbre, dans les palais et au-dessous de son buste; mot que l'on trouvait jusque sur les enseignes des cabarets.

L'ode fut traduite. Si le premier consul avait été irrité de ce qu'on ne parlait pas de lui, il fut bien plus furieux encore lorsqu'il remarqua un distique où je parlais de l'*Océan assujetti au trident britannique.*

J'avais touché, sans le savoir, la corde sensible; je m'étais déclarée de la faction des tyrans de la mer : c'était presque un crime de haute-trahison; mais j'avais des amis à la cour, et j'en fus quitte pour une légère punition. Quelques mois après, le préfet de police me fit arrêter, ainsi que toute ma famille, sous prétexte d'examiner mes papiers. Je sortis triomphante de cette épreuve, mais je fus retenue captive pendant vingt-quatre heures.

La police des journaux (1) était pour Napo-

---

(1) Savary, le digne chef de cette police, eut pour

léon une affaire de la plus haute importance. Lorsqu'il était à Paris, on lui soumettait, avant l'impression, les épreuves du Moniteur, et souvent il y faisait de sa main plusieurs changemens. Il y fournissait des articles; son style est facile à reconnaître, et quelques-unes de ses notes sont extrêmement curieuses.

Il affectait de protéger les lettres et les sciences. Cette protection portait le plus communément sur des personnes que leur médiocrité obligeait à la rechercher, sur de soi-disant gens de lettres qui la payaient avec usure. Cependant on peut citer quelques hommes d'un mérite réel, que l'approbation du gouvernement de

---

premier commis de la partie des journaux, Esménard, disgracié dans l'opinion publique, et qui entra à l'Institut par le crédit de ce ministre. Le *théatin* Le Breton, aussi membre de l'Institut, occupa cette place jusqu'à la nomination du successeur, en titre, d'Esménard. M. Etienne enfin fut nommé, et à la faveur de son emploi à la police, il le fut à l'Institut. C'est sous son *vizirat* que s'opéra la spoliation des journaux. C'est aussi sous cet homme que les journaux prirent cette habitude du mensonge qui a prolongé pendant plus d'une année la chute du tyran, et fait verser tant de larmes aux malheureux Français. Par quelle singularité cette place d'employé de police, depuis son établissement jusqu'à sa fin, a-t-elle été remplie par des académiciens?... (*N. du t.*)

Buonaparte a conduits aux places les plus éminentes (1).

Le patriarche actuel des poëtes tragiques, le vénérable Ducis, eut cependant le courage de rompre toute relation avec l'oppresseur de son pays. Les Muses ne sont pas plus occupées en France qu'en d'autres pays, des soins de la fortune. Buonaparte savait que Ducis ne jouissait pas de plus d'opulence qu'il ne convient à un poëte. Il lui offrit donc une place de sénateur avec trente-six mille francs d'appointemens annuels. Ducis rejeta cette place, pour laquelle, disait-il, il ne se sentait pas de vocation. La décoration de la Légion d'honneur lui fut proposée ; nouveau refus. Irrité de son entêtement, Napoléon voulait tirer une vengeance éclatante de l'auteur d'*Hamlet* et d'*Othello ;* mais des amis de Ducis parvinrent à l'apaiser.

J'ai visité dans sa retraite ce vieillard vertueux. Il était entouré de livres, et ne paraissait regretter ni les richesses ni les honneurs qu'il

(1) Souvent il fut fatigué de l'excès de cette servitude. Un jour un homme de lettres recommandait un de ses confrères qui était, disait-il ; d'une ancienne et noble famille : « Laissez-nous au moins la république des lettres, » répondit Buonaparte.

avait refusés. Quand il fut présenté au Roi, il reçut le plus bel hommage pour sa fidélité et ses talens. Le poëte entendit la bouche royale citer quatre vers de sa tragédie d'*OEdipe chez Admète* (1).

En parlant de Ducis, je ne puis résister à la tentation d'une autre digression. Je vais raconter une anecdote relative au théâtre.

Dès les premiers jours de son gouvernement, Buonaparte eut soin de chasser le *tribunat* qui, par ses discussions importunes, lui donnait de l'ombrage; il avait déjà transformé le corps législatif en un conseil de *muets*. Cependant il y avait toujours dans l'Etat une autorité que son pouvoir, tout immense qu'il était, ne pouvait subjuguer; une faction qui, jusque-là, avait déjoué tous ses efforts : c'était la faction des

(1) Ces vers, adressés à l'Antigone de l'antiquité, recevaient alors une bien juste application; MADAME, duchesse d'Angoulême était présente :

« Oui, tu seras un jour chez la race nouvelle,
« De l'amour filial le plus parfait modèle :
« Tant qu'il existera des pères malheureux,
« Ton nom consolateur sera sacré pour eux. »

Ducis disait souvent à ses amis : « Virgile et Boileau récitaient leurs vers à leur maître; plus heureux qu'eux, j'ai eu le bonheur d'entendre les miens de la bouche de mon Roi. » Ducis vient de mourir à l'âge de 74 ans. (*N. du t.*)

anciens poëtes tragiques, Corneille, Racine, Crébillon, etc.

Le peuple, qui voyait renverser successivement les institutions politiques garantes de ses droits, et violer toutes ses libertés l'une après l'autre, pouvait du moins aller au théâtre, et témoigner son indignation contre Buonaparte dans la personne des César, des Néron, des Phocas. Depuis plus d'un siècle on applaudissait des vers, des tirades qui respiraient l'horreur de la tyrannie et de toute usurpation; mais dans les circonstances présentes, ces mêmes passages étaient applaudis avec des transports inusités. Le gouvernement se crut insulté lui-même par ces éclats d'une admiration affectée.

Les acteurs, à qui l'enthousiasme du parterre ne déplaisait pas, et qui, sans doute, attribuaient les marques d'approbation plutôt à leurs talens qu'à la malignité, cherchaient à capter de plus en plus la faveur publique, en récitant avec plus de feu ces mêmes passages. Cela devint une affaire d'état. On délibéra gravement sur les moyens d'arrêter le cours de ces outrages à l'impériale majesté. Les représentans des anciens despotes, des princes captifs, furent mandés devant l'autorité, et on les accusa de débiter avec plus d'emphase qu'à l'ordinaire les vers ou les tirades prohibés.

Cette imputation était délicate ; elle donnait à entendre que le chef du gouvernement se reconnaissait dans les portraits de certains tyrans. Une des reines tragiques répondit avec fierté, que s'il y avait une application maligne, elle était faite par ceux mêmes qui l'avaient dénoncée, et que c'était un crime de haute-trahison contre l'empereur !

Les acteurs, pour se justifier, en appelèrent à leur répertoire et à toutes les éditions des auteurs classiques ; ils prouvèrent clairement qu'ils n'avaient rien ajouté à leurs rôles.

On les renvoya, avec recommandation de glisser subtilement sur ces passages, et toute la punition retomba sur les anciens auteurs. Dans l'impossibilité d'atteindre leur personne, on s'en prit à leurs ouvrages ; ils furent condamnés à d'indignes mutilations. La révision fut confiée à Esménard, qui avait assez de talent et de goût pour trembler en exécutant cette mission ridicule (1). Mais Napoléon avait prononcé, il fallut se soumettre.

Esménard m'a beaucoup fait rire en me

(1) L'auteur anglais, sans doute, ne connaissait point Esménard....... (*N. du t.*)

racontant ses négociations avec Buonaparte à ce sujet. Le despote laissa de côté plus d'une affaire importante pour apprécier minutieusement la valeur d'un hémistiche, le retourner dans tous les sens, chercher les interprétations qu'on en pourrait faire et les corrections qu'on lui ferait subir. Napoléon, en un mot, oubliait ses griefs ou ses projets d'attaque contre les Rois de l'Europe, pour adoucir les inculpations faites à je ne sais quels despotes de Rome ou de l'Asie, qui avaient eu le malhenr d'encourir la disgrace du grand Corneille.

On ne supprimait pas tout à fait les passages, mais on les rendait méconnaissables, et le public aurait vainement cherché dans *Héraclius* ces vers fameux :

> Qui de simple soldat à l'Empire élevé,
> Ne l'a que par le crime acquis et conservé.....
> Et comme il n'a semé qu'épouvante et qu'horreur,
> Il ne recueille enfin que trouble et que terreur.
> . . . .
> Héraclius enfin dans ce lieu va paraître,
> Tyran descends du trône et fait place à ton maître (1).

Le public abandonna pendant quelque temps le théâtre, où on ne lui offrait plus que des chefs-d'œuvre défigurés.

---

(1) Il n'y eut dans ce distique qu'un seul mot de changé. Le nom de *Phocas* fut substitué à l'épithète de *tyran*. Le Gouvé, dit-on, a été chargé de changer ce passage. (*N. du t.*)

On objectera que Buonaparte a fait un grand acte d'humanité, qui rachète un grand nombre de ses erreurs : on le louera d'avoir, par un décret, aboli la traite des noirs. On s'imagine donc qu'il aurait rendu ce décret, s'il n'avait pas cru flatter, de cette manière, le peuple anglais, à qui il était sûr de plaire en abolissant un commerce odieux ? Croit-on sérieusement à sa tendre compassion pour la race africaine, pour cette race depuis si long-temps opprimée ?

Hé quoi ! il existerait des rapports de philanthropie entre un Napoléon, un Wilberforce, un Clarkson ! Je vois d'ici Buonaparte laisser échapper un sourire amer en se trouvant associé aux célèbres orateurs du parlement anglais. Leur théorie de bienfaisance universelle, leurs vœux insensés pour le genre humain, sans profit pour eux-mêmes, lui paraîtraient souverainement ridicules. Non, non, Buonaparte serait bientôt revenu sur ses pas : il ne pouvait rester long-temps dans la route de la vertu. C'eût été pour lui une gloire trop pure de se montrer le libérateur d'une partie du genre humain, après s'être fait un plaisir d'opprimer l'autre. Il ne méritait point les honneurs d'un semblable triomphe.

Mais, au moment où j'écris, ce grand acte de philanthrophie est accompli; Louis XVIII a aboli le trafic des nègres. Cette traite infâme, l'une des plus grandes calamités qui affligeait l'espèce humaine, ne sera plus permise. Tandis qu'une mère presse, en Europe, sur son sein, des enfans qu'elle ne craint pas de voir arracher de ses bras, la mère africaine ne sera pas sans cesse exposée à la plus cruelle des séparations.

Buonaparte avait, dès le commencement, si bien affermi son autorité, qu'il se croyait, avec tous ses flatteurs, irrésistible et tout puissant. Il avait conquis presque toutes les nations de l'Europe; il avait foulé aux pieds toutes les institutions qui ne convenaient pas à son système. Une seule puissance lui résistait; une seule puissance s'opposait à ses intrigues, à ses efforts pour s'emparer de l'empire universel. Il savait que les Indes étaient la source de ce pouvoir. Attaquons, dit-il, l'Angleterre dans le foyer même de sa puissance. Rien n'est fait, tant qu'il reste quelque chose à faire; les Anglais sont maîtres de la mer; le continent appartient aux Français; frappons l'Angleterre au cœur, nous n'aurons plus rien à craindre d'elle.

Le roi de Macédoine avait pénétré dans les Indes avec trente mille hommes. Buonaparte se promettait d'atteindre les rives du Gange avec deux fois ce nombre.

Lorsqu'il ne s'agissait que d'une expédition en Europe, il ne fallait pas tant de combinaisons ; il suffisait, en quelque sorte, de conquérir un grand chemin, dont Munich, Berlin, Vienne étaient les stations. Il suivait, sans obstacles, la route qu'il s'était tracée.

Mais l'Océan lui offrait une barrière insurmontable. C'était seulement par la terre ferme qu'il voulait pénétrer dans l'Indostan ; et ce projet fut mis à l'ordre du jour.

Ce fut un grand secret. L'exemple de l'expédition d'Egypte n'était pas propre à exciter l'enthousiasme. Cette conquête n'avait été profitable qu'aux savans, aux graveurs de cartes, de vues pittoresques et de monumens pour la magnifique édition de la *Description de l'Egypte*. On n'admit donc pas le public dans la confidence d'une entreprise qui devait affranchir du joug des Anglais l'Europe et toutes les mers.

Il se présenta toutefois d'innombrables difficultés, qu'Alexandre-le-Grand n'avait point eues à surmonter. Les instrumens de la guerre n'étaient plus les mêmes qu'à ces époques anciennes où l'usage de l'artillerie était inconnu, où les armées étaient plus faciles à faire mouvoir. Le canon, ce principal instrument du carnage, ne saurait se transporter à tant de milliers de lieues, sans des précautions et des peines infinies. On consulta l'inspecteur-général de l'artillerie (1).

Je voyais très-souvent ce respectable vieillard; j'avais habité plusieurs années dans son hôtel. Ses vertus militaires et privées lui avaient concilié l'estime de Napoléon, qu'il était trop honnête pour flatter ou tromper. Un soir, je vis ce général visiter ma bibliothèque et témoigner quelque impatience de ne pas trouver ce qu'il cherchait. Lorsque ses aides-de-camp furent sortis, il s'approcha de la cheminée. Commme il voyait Napoléon tous les jours, je lui demandai des nouvelles des Tuileries. L'Empereur, dit-il, m'a donné un nouvel emploi; il veut que je devienne *savant*. Prêtez-moi, je vous prie, tout ce que vous avez de livres sur la géographie et les mœurs de l'Orient.

(1) Nous pensons que l'auteur veut parler de feu M. Lariboissière, qui fut promu à ce grade en 1811, et périt dans la campagne de Moscou. (*N. du t.*)

Je n'avais rien de plus moderne, sur les mœurs de l'Orient, que les *Mille et une nuits*; mais j'étais un peu mieux pourvue en traités de géographie. J'offris ce que je possédais, et par-là j'appris de quoi il s'agissait.

Il y avait, à cette tentative aventureuse, un obstacle qu'il importait singulièrement d'écarter. Alexandre avait conquis la Thrace, l'Illyrie : il s'était, par la destruction de Thèbes, assuré le silence de la Grèce avant de pénétrer en Asie. Il fallait donc que Buonaparte fût certain, sinon de l'alliance, au moins de la neutralité du moderne Alexandre, de ce monarque dont les états s'étendent jusqu'au pôle. Ce souverain avait regardé un moment Buonaparte comme un guerrier plein d'honneur, juste et fidèle à sa parole. Il avait conclu des traités avec lui, mais n'avait pas tardé à apprécier son véritable caractère. Comme il était impossible de tromper l'empereur Alexandre, il fallait le vaincre.

La campagne de Russie n'était qu'un passage pour arriver à l'Indostan. Mais les évènemens de cette guerre obscurcirent à jamais l'étoile de Napoléon. Son talisman magique fut détruit, et les armées russes entrèrent elles-mêmes dans Paris.

Ainsi cette expédition projetée dans les Indes, réduisit à la plus humiliante situation l'homme qui pouvait alors se déclarer impunément empereur d'Occident. Il semble que J.-B. Rousseau l'ait peint d'avance sous les traits de Charles XII :

> Du midi jusqu'à l'ourse on vantait ce monarque
> Qui remplit tout le Nord de tumulte et de sang ;
> Il fuit, sa gloire tombe, et le destin lui marque
> Son véritable rang.
>
> Ce n'est plus ce héros gâté par la victoire,
> Par qui tous les guerriers allaient être effacés,
> C'est un nouveau Pyrrhus qui va grossir l'histoire
> Des fameux insensés (1).

On se demande ce que va devenir la France. Je me souviens d'avoir toujours été vivement affectée en lisant certain passage d'un ingénieux roman de miss Bennet, intitulé *Rosa* ou *la Fille mendiante*. L'héroïne de cette histoire, s'approchant du château de Dening-Court, s'écrie avec un transport d'enthousiasme : « Je sens qu'à la fin mes destinées vont se fixer. »

Hé bien ! le peuple français, après tous les écarts de la révolution, s'approche, comme l'aimable Rosa, de l'asile de la paix et du bonheur, et peut dire : « Je sens que mes destinées vont se fixer. »

---

(1) Ode X.

Je fais des vœux bien sincères pour son bonheur. Si je ne suis pas française, la France du moins est le pays de mes amis. Je me suis encore plus fortement attachée à ceux qui l'habitent, par les liens d'une commune infortune. Je puis dire, comme l'ingénieux Boufflers : « Nous avons passé la tempête sous le même parapluie. » Comment aurais-je pu vivre tant d'années parmi les Français, sans chérir ce peuple aimable qui a l'art de répandre un charme inexprimable sur la société? Oui, sans doute, les Français connaissent mieux que tout autre nation le secret d'être heureux.... ; heureux à bon marché, sans se montrer aussi difficiles, aussi dédaigneux que nos Anglais. D'un autre côté, ils supportent l'infortune avec une égalité, je dirai presque avec une gaîté qui, si elle ne mérite point le nom orgueilleux de philosophie, est du moins d'une pratique plus facile.

Je suis persuadée que l'expérience qu'ont acquise les Français pendant une révolution longue et orageuse, ne sera pas perdue. Il fallait une leçon terrible à leur vanité, à leur présomption. Ils ont passé par toutes les phases, depuis l'anarchie la plus effrénée, jusqu'au despotisme le plus insolent, le plus oppresseur. Ils n'ont jamais connu la liberté que de nom.

Ils aspirent au repos ; et cette fois ils goûteront la liberté véritable.

Que l'Angleterre ne redoute point la liberté de la France. Il faudra encore du temps avant que les Français jouissent de la science-pratique des Anglais sur la liberté constitutionnelle ; mais ils jouissent déjà de ses prémices (1). Ils ont dans la Charte constitutionnelle, en quelque sorte, la table des chapitres des principes régulateurs de la société. Bientôt ils posséderont tout le volume. Le Roi n'a rien à redouter de cette disposition des esprits. Il ne sera fort que par l'affermissement de sa Charte.

Puisse ce beau pays, qui a été si brillant dans ses guerres extérieures, et si opprimé dans l'intérieur, voir enfin tarir la source des maux sans exemples qu'il a soufferts, et reprendre son rang auguste parmi les nations !

Le Français se fera d'autres idées de la gloire ; il cherchera de nouveaux alimens à son infati-

---

(1) J'aimerais bien, disait un habitant du faubourg Saint-Antoine, à un conventionnel qui haranguait la multitude dans le temps de la terreur, j'aimerais bien, citoyen représentant, *une liberté libre*. Ce n'est pas là une vaine redondance, c'est un sentiment naïf énergiquement exprimé ; et c'est de cette liberté que jouiront les Français.

gable activité, dans la culture des beaux-arts, qui conviennent si bien à l'élégance de ses mœurs. Son énergie, qui ne se dissipera plus vainement dans des croisades d'ambition, mais qui se dirigera vers le perfectionnement de l'esprit humain, aura des résultats utiles pour l'humanité toute entière.

CHAPITRE XIII.

Conduite des alliés. — Menaces et démonstrations hostiles des Prussiens. — Anecdotes d'un autre genre. — Dégâts au bois de Boulogne et à Neuilly. — Funérailles d'un jeune Écossais.

ENTRAÎNÉE par mes digressions, j'oubliais que je n'étais encore qu'au 4ᵉ acte de la tragédie, et que les alliés devaient donner encore d'autres scènes avant que le rideau tombât sur les évènemens mémorables de 1815.

La modération que toutes les puissances avaient montrée l'année dernière, lorsque l'Europe en armes assiégeait Paris, à une époque où le sentiment de leurs injures était encore si récent, semblait devoir être, dans ces nouvelles circonstances, dans cette seconde conquête, la règle de leur conduite.

Les Français s'imaginaient bonnement que la politique européenne était pour jamais réformée, que l'ambition vulgaire des siècles d'ignorance avait fait place à une magnanimité digne du progrès des lumières. Ils y trouvaient une preuve de plus du beau système de la perfectibilité de l'esprit humain. Tout ce qui s'était passé en 1814, fortifiait merveilleusement cette opinion.

Satisfait de la gloire d'avoir écrasé le tyran de l'Europe, et contraint la France à abandonner d'immenses et d'injustes conquêtes, les Souverains purent oublier toute autre restitution. Le seul objet d'art qui n'ait point été respecté dans Paris, c'est la statue de Buonaparte sur la colonne de bronze de la place Vendôme. Mais ce monument élevé à la Victoire était demeuré intact. Enfin, à l'exception de quelques provinces qui avaient plus ou moins souffert du passage des alliés, la France ne s'était presque point ressentie de leur invasion. On croyait donc qu'après avoir, dans une courte campagne, accompli leur principal objet, ils s'en iraient comme ils étaient venus.

Mais ce n'était pas là du tout le projet des puissances, au moins d'une partie d'entr'elles.

Les Prussiens, depuis leur dernière campagne, avaient fait d'amples réflexions. A la vérité, ils avaient recouvré leur ancien territoire, avec des augmentations considérables; ils n'avaient plus rien à craindre du vainqueur d'Iéna et de Berlin, mais se repentaient d'avoir mis trop de modération dans les conditions de la paix. Ils avaient laissé dans la capitale de la France trop de trophées de ses victoires, et n'avaient pas même vengé par des représailles une partie des excès que les armées de Buonaparte avaient commis en Prusse.

Dans son courroux patriotique, le prince Blücher commença par la tentative de faire sauter le pont d'Iéna. Déjà l'on avait pratiqué des fougasses dans les piles, déjà plusieurs assises de pierres avaient été endommagées ; mais les progrès du mal furent arrêtés par la généreuse intervention du roi de Prusse (1).

Le général Blücher fit une autre menace : ce fut d'arrêter comme prisonnier, et d'envoyer dans les forteresses prussiennes, un grand nombre de banquiers et de négocians de Paris, si l'on ne payait, dans les 24 heures, un cin-

(1) L'impartialité me fait un devoir de convenir que les travaux pour faire sauter le pont *des Invalides*, n'eurent point un effet proportionné à leur durée. On attaqua le corps des piles dans leur partie inférieure, et la masse ne fut nullement ébranlée. Le résultat eût été bien différent si l'on eût creusé les fougasses dans les arceaux et dans les clefs des voûtes. Il ne fallait pas plus de trois heures pour détruire une arche, et encombrer en cet endroit le cours de la Seine. N'aurait-on voulu faire qu'une simple démonstration hostile ?....

(*N. du t.*)

quième d'une contribution de cent millions.

Ni l'un ni l'autre de ces projets ne furent exécutés ; mais les troupes qui en eurent connaissance, se crurent par-là autorisées à se livrer à toutes sortes d'excès.

Une grande partie des troupes qui les premières occupèrent la capitale, faisait partie de la *landwehr*, ou levée en masse prussienne. Ces soldats étaient la plupart très-pauvres, et la pauvreté excusait, jusqu'à un certain point, leurs déprédations.

Une autre partie de l'armée consistait en professeurs et étudians qui, dans leur noble dévouement à la cause de la patrie, s'étaient enrôlés comme volontaires.

Pendant que la landwehr exerçait des actes de violence, les docteurs armés se livraient à une vengeance presque aussi cruelle. Un Français pouvait supporter avec patience les pertes, les vexations de toute espèce; mais comment souffrir l'arrogance d'un déclamateur qui, comme lés bourreaux de don Carlos (1), soutenait que tout cela se faisait pour le bien du royaume, qui cherchait à convaincre de l'évidente supériorité des Allemands sur les Fran-

(1) Allusion à la tragédie de *don Carlos* de Schiller, qui forme un *volume* de 3 à 400 pages. (*N. du t.*)

çais; qui enfin démontrait, par une multitude de raisonnemens, qu'il importait au salut même de la France qu'on la dépouillât de l'Alsace et de la Lorraine? C'était, en vérité, un raffinement de cruauté que n'autorisent point les lois de la guerre. La vanité française en était offensée. On aurait volontiers répondu :

« Déclamateur, volez-moi, si vous voulez, « tuez-moi, si cela vous convient; mais du « moins épargnez-moi vos harangues. »

Les Prussiens devinrent ainsi l'objet de l'exécration nationale. Les Wurtembourgeois, les Badois, les Bavarois n'étaient pas plus détestés.

Cependant, il faut observer que ceux qui souffrent sont ordinairement injustes. Le maréchal Blücher n'a peut-être eu d'autre crime réel aux yeux des Français, que d'être le commandant en chef de ses troupes, et peut-être aussi de porter un nom très-difficile à articuler par d'autres organes que ceux des Allemands. Je puis assurer que les généraux Bulow, Ziethen, Tauenzien et plusieurs autres, interposèrent toujours leur autorité pour arrêter ou prévenir les outrages de leurs propres soldats (1).

(1) Les dégâts qui eurent lieu à Versailles doivent

L'ordre se maintenait dans Paris, mais les habitans des environs et des campagnes étaient

---

être attribués aux déclamations intempestives de quelques soi-disant représentans.

Voici le fait, qui donne d'ailleurs quelques éclaircissemens sur le siége de Paris.

Les alliés maîtres du passage de la Seine sur plusieurs points, établis sur le Calvaire et sur les hauteurs de Ville-d'Avray, voulurent tourner le corps d'armée qui occupait Meudon, Vanvres et Issy et le séparer de celui qui défendait Mont-Rouge. Ils envoyèrent des forces du côté de Versailles. Les généraux français y virent une occasion de soutenir le courage de l'armée par un coup d'éclat. Le général Excelmans reçoit ordre de faire des dispositions pour cerner les régimens entrés dans Versailles. Il exécute cette manœuvre, mais pour cela il lui faut dégarnir Châtillon, dont les Anglo-Prussiens s'emparent aussitôt, en faisant filer des troupes sur ses derrières. Les deux régimens de cavalerie prussienne, obligés d'évacuer Versailles, sont enveloppés, faits prisonniers, et conduits en triomphe dans Paris. La faction est transportée de joie. On vote à la tribune des remercîmens, non seulement au corps d'armée du général Excelmans, mais encore aux *gardes nationales de Versailles et des communes rurales*. Ces remercîmens oiseux avaient pour objet de donner un exemple à la garde nationale de Paris; mais en même temps ils autorisèrent les généraux alliés à traiter en ennemis les habitans de Versailles, la ville du royaume où règne le meilleur esprit.

Les révolutionnaires obtinrent donc un succès qui

livrés à la rapacité de soldats effrénés. Le reste des récoltes de l'année dernière était dévoré. Le plaisir qu'éprouve le laboureur en voyant alternativement des pluies fécondantes et les rayons d'un soleil vivifiant, faire germer et mûrir le fruit de ses travaux, était troublé par la cruelle inquiétude de ne pouvoir recueillir en paix le produit des moissons. Les soldats jetaient un œil de convoitise sur les grains, et particulièrement sur les raisins, à mesure qu'ils approchaient de leur maturité. Le paysan tournait ses regards vers le ciel, non plus par un sentiment de reconnaissance, mais pour demander vengeance contre les déprédations des alliés. Cependant ces craintes ne furent pas toutes réalisées, et les Prussiens concoururent eux-mêmes dans plusieurs départemens, aux travaux de la récolte.

Les Parisiens recevaient de temps à autre de bonnes leçons de leurs ennemis.

---

dépassa leurs espérances. La nouvelle des excès commis dans Versailles, excès que la malveillance eut soin d'exagérer, jeta la consternation parmi les royalistes de Paris. Si l'on n'eût acquis, à la même époque, la certitude de l'entrée du Roi à Cambray, et de sa prochaine arrivée à Saint-Denis, les clubs de fédérés eussent obtenu de grands avantages. (*N. du t.*)

Une comtesse fort âgée, du faubourg Saint-Germain, traita avec beaucoup d'égards un officier prussien logé par billet dans sa maison. On prévint cet officier de l'heure du dîner; mais il dit que c'était trop tard pour lui, qu'il entendait prendre ses repas de meilleure heure, et qu'il comptait, en outre, amener plusieurs de ses camarades. Pour comble d'outrages, il s'étendit sur un canapé de *damas* qu'il salit avec ses bottes. Il sortit, et revint seul. Le dîner était servi. Il trouva les plats détestables, et les jeta l'un après l'autre sur le parquet. On le conduisit à la chambre qui lui était destinée au second étage. Il la refusa, et demanda l'appartement du premier, quoiqu'on lui annonçât qu'il était habité par la maîtresse de la maison. Il commit toutes sortes d'extravagances : par exemple, celle de fumer dans le boudoir de la comtesse, et prit enfin possession de l'appartement avec ses domestiques et ses chiens de chasse. La propriétaire de l'hôtel fut réduite à se loger dans une chambre misérable sous les mansardes.

Le lendemain matin, l'officier la fit demander. Elle ne vint auprès de lui qu'en tremblant, s'attendant à de nouvelles insultes. Quel fut son étonnement, lorsqu'elle vit l'officier prussien changer tout à coup de ton et de manière, et se comporter envers elle avec une urbanité parfaite. « Je ne doute pas, madame, « lui dit-il, que vous n'ayez trouvé ma con- « duite chez vous très-déplacée. Je me suis « permis de salir vos meubles, de jeter à terre « des mets excellens, de fumer dans votre « boudoir, de m'emparer enfin de votre appar- « tement ; vous me regardez certainement « comme un barbare. »

Le silence de la comtesse était une approbation évidente de l'épithète.

« Hé bien ! madame, reprit son hôte, vous « avez un fils en Prusse ? »

La comtesse se troubla, ses yeux se remplirent de larmes. Hélas ! dit-elle, j'ai un fils ; mais je crains qu'il n'ait péri victime des derniers combats.

Connaissez-vous cette écriture ? demanda l'officier en lui montrant l'enveloppe d'une lettre. Oui, monsieur, répliqua la comtesse : c'est la dernière que j'ai envoyée à mon fils ; je n'ai pas reçu réponse.

Non, madame, poursuivit l'officier, je ne suis point un barbare ; mais je me suis permis cette petite mystification par tendresse filiale ; je m'en veux à moi-même d'avoir trop bien joué mon rôle. Je vous ai tourmentée pendant quelques heures; mais monsieur votre fils a fait souffrir des humiliations bien plus grandes, et pendant plusieurs mois, à ma mère, dont il ne respecta point l'état d'infirmité. Je ne veux pas vous affliger plus long-temps; votre fils existe, il a été blessé grièvement et fait prisonnier dans une des dernières escarmouches. Je l'ai soustrait à la fureur de nos soldats. Ma mère, elle-même, a pourvu à sa sûreté. Vous le reverrez bientôt. Adieu, madame, je quitte votre hôtel. J'ai sauvé votre fils, et jai vengé ma mère.

On ne se plaignit point des Anglais dans les cantonnemens qu'ils occupaient; ils payaient tout ce qu'ils demandaient aux fermiers (1).

(1) Un jeune Hanovrien nommé *Becker*, attaché comme domestique à l'armée campée au bois de Boulogne, et qui portait, on ne sait comment, le prénom ou le sobriquet de *Napoléon*, s'avisa de voler une jument qui appartenait au propriétaire du Ranelagh. La jument fut retrouvée, et le voleur arrêté. Les autorités municipales de Passy demandèrent au commandant anglais ce qu'il fallait faire de *Napoléon* Becker. Le commandant anglais le désavoua, dit qu'un voleur de chevaux ne pouvait point faire partie de son armée, et que c'était à la justice française à le traiter comme elle voudrait. Napoléon fut traduit au tribunal correctionnel,

Ils travaillaient dans les champs et dans les vergers.

Les Autrichiens et les Russes ne se conduisirent pas avec moins de modération. Les Autrichiens n'avaient jamais eu à se plaindre des mêmes outrages que les Prussiens. L'empereur de Russie avait trop de magnanimité pour venger sur Paris l'incendie de Moscou.

Si la France, au pouvoir des alliés, n'était plus en guerre, on ne pouvait dire que la paix y régnât. On ne parlait de tous côtés que d'attaques, d'escarmouches, de siéges. En vain le drapeau blanc flottait sur les remparts des forteresses; en vain les assiégés demandaient à se rendre à l'autorité du Roi de France, leur Souverain légitime. Paris même, Paris, à l'abri des maux immédiats de la guerre, présenta pendant plusieurs mois l'image d'une ville conquise. Toutes ses portes étaient occupées par des troupes étrangères; des piquets d'infanterie gardaient les avenues de tous les ponts; des canons étaient braqués vis-à-vis le palais des Tuileries.

Le bois de Boulogne, cette promenade bril-

---

et condamné à deux ans de prison. Les journaux ont rendu compte de cette affaire, remarquable seulement par cette circonstance particulière. (*N. du t.*)

lante, que l'on peut comparer au Hyde-Park de Londres, n'était plus qu'un affreux désert. On se croyait transporté au milieu des solitudes de l'Amérique, en voyant ces baraques formées de troncs d'arbres et de planches (1). Toutes traces de verdure avaient disparu sur le terrain. Il ne restait çà et là que quelques souches, annonçant les vestiges d'une forêt.

Les avenues, naguère couvertes de magnifiques équipages et de promeneurs élégans, n'offraient plus d'ombrages. Des tentes ou des baraques de verdure en occupaient les bords. Si quelques grands arbres avaient été épargnés, c'est qu'on les avait jugés utiles pour attacher les chevaux et le bétail.

Je me suis souvent promenée au bois de

---

(1) Le feu prit pendant une nuit à une quarantaine de ces baraques. Les flammes s'aperçurent de très-loin, même du Pont-Royal et du Pont-Neuf à Paris; on croyait les villages de Passy, d'Auteuil ou de Boulogne incendiés. Des pompiers se portèrent avec rapidité sur l'avenue des Champs-Elysées. Au bruit des chariots légers qui portaient leurs utiles instrumens, les gardes avancés anglais s'imaginèrent qu'on faisait marcher de l'artillerie. On envoya une *reconnaissance* pour s'assurer de l'état des choses, et l'on remercia les pompiers de leurs secours. Il est vrai que l'incendie ne dura que très-peu de temps. (*N. du t.*)

Boulogne à cette époque. J'ai visité également le camp des Anglais à Neuilly, dans le parc de celle qui, il n'y a pas encore long-temps, portait le titre de reine de Naples. Madame Murat aurait-elle jamais pu, même dans ces pressentimens sinistres qui nous assiégent quelquefois au milieu de la prospérité, songer à une pareille métamorphose? Si quelque magicien lui avait annoncé qu'un jour son pavillon magnifique deviendrait une espèce de réfectoire pour les officiers anglais; que son parc délicieux, dont la terrasse s'incline en pente douce vers la Seine, serait couvert de tentes et occupé par des soldats grossiers; que ses arbres seraient abattus par les Anglais, pour faire du feu, par les Autrichiens pour construire des cabanes; que les gazons de son jardin anglais seraient sillonnés par les roues des canons, des caissons et des fourgons; que par-tout la terre serait creusée pour établir des foyers et des cuisines militaires; aurait-elle cru à ces prédictions? ne les aurait-elles pas regardées comme des extravagances?

Un jour que je regardais avec intérêt les occupations diverses de ce camp, image en miniature de ce qui se passe dans le monde, j'entendis à quelque distance les sons de la musique; c'était une mélodie grave et solennelle. Bientôt je vis s'avancer vers nous un cortége funéraire : c'était un jeune soldat écossais que l'on conduisait au dernier asile de l'humanité. Son épée, son chapeau étaient déposés sur son cercueil que portaient quatre de ses camarades, tandis que le convoi était précédé et suivi par un nombre considérable d'officiers et de soldats.

La musique du régiment exécuta les psalmodies du 104e pseaume. Deux tambours, par leur roulement prolongé, formaient la basse.

Lorsque le convoi défila, tous les soldats quittèrent leurs travaux; ils se découvrirent avec respect. Les sentinelles présentèrent les armes. Quelques-uns de ces braves ne pouvaient retenir des larmes d'attendrissement. Ce n'était pas une de ces occasions où le soldat emporté par la fougue du combat, se précipite sur l'ennemi, méprisant également sa vie et celle de ses amis; c'était un moment où le cœur, ouvert à de douces émotions, est libre de réfléchir. Ces braves avaient sous leurs yeux le spectacle de la mort, mais sous des formes différentes de celles où ils ont coutume de l'affronter. Ils se voyaient réduits à rendre, sur une terre étrangère, les derniers devoirs à un compagnon d'armes qu'ils ne reverraient plus.

Ma mère est née en Ecosse. Tout ce qui me rappelle ce pays a droit de m'intéresser vivement. Aussi étais-je fort émue. Je me figurais cet infortuné jeune homme, se rappelant peut-être à ses derniers momens la cabane occupée par ses aïeux, aux pieds d'une montagne aride, et regrettant de trouver sa tombe si loin de ce qu'Ossian appelle *la roche du repos*. Je suivis le convoi jusqu'au cimetière de Neuilly ; j'entendis, avec une impression profonde, l'office des morts qui fut récité en langue anglaise par le chapelain du régiment. Peut-on, après un long intervalle de temps passé en pays étranger, entendre, sans en être ému, une cérémonie religieuse, accomplie dans la langue où on a balbutié les prières de l'enfance, où l'on a reçu les premières impressions d'amour pour la Divinité !

CHAPITRE XIV.

Spoliation du Musée. — Négociations de 1814. — Conduite des Prussiens, des Belges, des Anglais et des Autrichiens. — Enlèvement des chevaux de Corinthe. — Richesses actuelles du Musée.

Un orage non moins horrible qu'imprévu allait fondre sur la capitale.

Il n'est pas douteux que les alliés, au milieu des rapides et brillans succès qui, dans l'année 1814 les rendirent maîtres de Paris, n'eussent porté des regards avides sur les chefs-d'œuvre des arts que leur avait enlevés le droit de conquête.

Lorsque les Souverains de l'Europe visitèrent la galerie du Louvre, ils y reconnurent des statues et des tableaux qui avaient appartenu à leurs pays respectifs. Le catalogue vendu publiquement, à l'entrée de l'établissement, annonçait ces précieux objets comme le fruit de la bravoure française.

Les Prussiens, sur-tout, n'avaient pas manqué d'observer que les superbes tableaux qui avaient fait jadis l'ornement de la chambre à coucher de leur belle et infortunée reine, décoraient la galerie et les appartemens du château de Saint-Cloud.

Il y avait, en outre, dans le Musée, une statue connue sous le nom du *Ganymède de Sans-Souci.* Cette statue était de bronze et du plus beau travail; elle n'est pas moins parfaite que l'Apollon du Belvedère, et en a la réputation dans le Nord. C'est mal à propos qu'on a qualifié cette statue de Ganymède. On a été induit en erreur par la pose des bras : c'est un gladiateur remerciant les dieux de la victoire qu'il vient d'obtenir.

Les Prussiens demandèrent en 1814, la restitution de cette statue, de deux tableaux du Corrège, et des tableaux de Saint-Cloud enlevés dans les appartemens de leur reine.

Cette réclamation fut la matière de longues et fastidieuses négociations entre M. de Blacas et les ministres d'Autriche et de Prusse. Il avait été convenu, lors de la paix de Paris, qu'aucun des monumens des arts ne serait enlevé. M. de Blacas étendait cette disposition à tous les monumens conservés, non seulement dans le Musée du Louvre, mais dans les palais royaux. Les négociations échouèrent. Paris conserva ces statues, et les Prussiens regrettèrent de ne point s'être emparés par force de ces trophées, lorsqu'ils auraient pu les saisir impunément.

En 1815, lorsque les alliés eurent couronné les hauteurs de Paris, et qu'il fut question d'une convention militaire pour l'occupation de la capitale, la commission de gouvernement demanda que le Musée demeurât intact. Les généraux alliés écrivirent au crayon, en marge de cet article : *Non accordé.*

Ce refus, à ce qu'il paraît, ne doit pas être attribué au duc de Wellington, ni à son désir de rien préjuger sur une question d'une pareille importance, mais au feld-maréchal Blücher, qui avait déjà résolu dans son esprit une mesure que l'opinion de ses compatriotes ne manquerait pas d'approuver. L'article relatif au respect des propriétés publiques et particulières fut conçu en termes très-vagues. Le gouvernement d'alors n'était peut-être pas fâché de laisser un champ libre à de fausses interprétations. Les alliés assurent, qu'en promettant de respecter les monumens des arts, ils n'ont jamais entendu renoncer au droit de reprendre des objets qui leur ont été enlevés par la violence.

Le feld-maréchal Blücher, immédiatement après son entrée dans Paris, écrivit à M. Denon, directeur du Musée; il réclama non seulement les statues et les tableaux qui avaient fait le sujet des négociations de l'année précédente avec M. de Blacas, mais encore tout ce qui se trouvait dans le Musée. M. Denon répondit que c'était une affaire dont il fallait traiter avec son gouvernement, et qu'il ne livrerait rien. M. Denon fut arrêté pendant la nuit par vingt soldats, et menacé d'être envoyé dans la forteresse de Graudentz dans la Prusse occidentale.

Un tel argument ne donna lieu à aucune réplique. Les objets demandés furent remis. Cette restitution fut faite en bon ordre. Le *Gladiateur* ou le faux Ganymède, les deux chefs-d'œuvre du Corrège et quelques morceaux précieux de l'ancienne école allemande, furent soigneusement emballés par les Prussiens préposés à la garde du Musée.

Cette perte eût été insignifiante, si le roi de Prusse s'était borné à demander tout ce qui avait appartenu à Potzdam et à Berlin, s'il n'eût pas réclamé aussi ce qui avait appartenu à Cologne et à Aix-la-Chapelle, pays de la rive gauche du Rhin, sur lesquels il n'avait aucun droit à l'époque de la spoliation; mais il se prétendait subrogé aux droits de la cathédrale d'une de ces villes et de la municipalité de l'autre.

L'esprit public se calma. On annonçait hautement que ces actes de violence des Prussiens n'étaient approuvés ni par l'empereur de Russie, ni par le duc de Wellington. On allait jusqu'à dire que ceux-ci les avaient blâmés.

Deux mois s'étaient passés, lorsque la galerie du Louvre fut menacée d'un autre côté. Le roi des Pays-Bas, c'est-à-dire le souverain des provinces belges unies à la Hollande, avait publié une constitution dans le goût moderne, et fondée sur des principes libéraux. On pouvait s'attendre qu'elle serait généralement acceptée; car qui pourrait refuser le don de la liberté? Cependant cette acceptation ne fut pas faite avec beaucoup d'empressement. Une classe nombreuse et respectable d'habitans de ces provinces montra de la résistance, sur-tout à cause de ce qui concernait la religion.

Pour se populariser et pour se concilier l'esprit des prêtres, le roi des Pays-Bas n'imagina pas de meilleur moyen que de revendiquer les chefs-d'œuvre des arts dont les églises du Brabant avaient été dépouillées.

Le gouvernement anglais montra un vif intérêt à affermir l'autorité du nouveau souverain de la Belgique. On devait regarder la restitution des tableaux des églises comme un hommage rendu à la religion catholique, et le public anglais seconda hautement les dispositions du gouvernement.

Tel fut le motif qui détermina le ministre anglais à Paris, à remettre, en faveur des Belges, une note aux Souverains réunis.

L'arrivée de M. Canova dans la capitale, à la même époque, détermina le ministre anglais à faire une démarche semblable en faveur du pape.

Il représenta que la paix de Tolentino ne donnait aux Français aucun droit réel à la possession des monumens des arts, puisqu'ils avaient rompu eux-mêmes le traité, et qu'il était juste que les monarques les plus puissans soutinssent la cause des plus faibles.

Lord Castlereagh fit sentir, en outre, qu'il importait aux progrès des arts que l'on pût les cultiver sur le sol classique de Rome. Les artistes français avaient eux-mêmes développé cette idée dans un mémoire présenté en l'an VI au directoire; mémoire signé des peintres et des statuaires les plus célèbres : de MM. Quatremère-de-Quincy, Denon, David, Girodet et quarante autres artistes.

Ceux qui eurent connaissance des observations du ministre anglais, les crurent dictées plutôt par un sentiment de jalousie nationale, que par l'amour d'une exacte justice; et comme on impute rarement les actes des cabinets aux principaux agens, l'ardeur du ministre anglais fut attribuée au sous-secrétaire, M. Hamilton, à ce savant qui s'est fait si avantageusement connaître par ses voyages en Grèce et en Egypte.

Si la rupture violente du traité de Tolentino pouvait rendre douteux les droits des Français, il n'en était pas ainsi d'un traité conclu antérieurement avec le prince de Parme; le premier de ce genre où l'on ait mis la cession d'objets d'arts comme prix à un armistice.

M. de Nesselrode fit, au nom de l'empereur Alexandre, une réponse à la note de lord Castlereagh. Dans cette note, on insista moins sur la justice ou l'injustice de la mesure considérée en elle-même, que sur son inconvenance. On représenta la situation pénible dans laquelle une telle démarche des puissances, placerait Louis XVIII. Si les alliés s'étaient abstenus l'année précédente de reprendre dans le Musée les objets qu'ils considéraient comme leur légitime propriété, ce motif se présentait cette année avec deux fois plus de force.

On crut, pendant quelque temps, que la note du ministre russe avait produit son effet; mais soit que l'empereur Alexandre eût relâché de l'énergie de ses remontrances, soit que l'éloignement des troupes russes de la capitale eût rendu son influence moins considérable, toute espérance s'évanouit.

Lord Castlereagh adressa de nouvelles observations au gouvernement français. S'il montra d'abord quelque humeur du silence opiniâtre que l'on gardait, il fut encore plus fâché d'une note très-sévère du prince de Talleyrand.

La guerre diplomatique cessa. Le sort de la galerie fut décidé. Les Souverains convinrent qu'il serait usé de représailles, et l'on dirigea une attaque vigoureuse contre le Musée.

Le Roi donna ordre au directeur de l'établissement de constater qu'il ne cédait qu'à la violence. Le Musée fut fermé. On l'ouvrit sur la réquisition d'un colonel anglais, qui demanda d'un ton d'autorité la remise des objets qui avaient été enlevés aux provinces belges. Des troupes anglaises furent postées près du Louvre. Le Roi donna ordre que les portes fussent ouvertes, mais ne permit pas que, sous aucun prétexte, on prêtât aide et assistance aux enlèvemens projetés.

Une sorte de bureau de douane fut établi à la porte pour dresser inventaire de ce qu'on emportait. Des sentinelles furent mises de vingt pas en vingt pas le long de la galerie du Musée; mais cela n'empêcha pas toute espèce de fraude. Les amateurs belges, aidés des soldats anglais, exécutèrent leur mission.

Les Autrichiens se présentèrent à leur tour. Le cabinet de Vienne, lent dans ses opérations, ne se départ jamais de l'objet qu'il a une fois résolu. Les Autrichiens semblaient avoir borné leurs prétentions aux chevaux de Corinthe; mais encouragés par l'exemple des Belges, ils crurent devoir enlever tout ce qui avait été pris à Parme : tels que le *saint Jérôme* du Corrège, les tableaux de Milan et de Modène, et les chefs-d'œuvre du Titien, pris à Venise. Désormais le désastre du Musée fut porté à son comble.

Le bruit qu'un corps de troupes étrangères gardait jour et nuit le Louvre, circula rapidement dans Paris. Il n'était d'abord question que de l'enlèvement des tableaux de l'école flamande : chacun craignait une spoliation complète, mais on n'osait pas s'exprimer à ce sujet. Nous étions dans la même situation que madame de Longueville qui, en apprenant la mort de son frère, tué dans un combat, n'osa pas demander de nouvelles de son fils. Être privé à la fois des chefs-d'œuvre de l'ancienne Grèce et des productions de l'école d'Italie, c'était une idée dont on pouvait à peine soutenir l'horreur. L'esprit des Parisiens ne pouvait se familiariser avec un tel sacrilége.

Mais lorsque l'affreuse vérité fut connue, comment peindre les passions diverses qui s'allumèrent dans le cœur de tout Français? Les Parisiens furieux s'emportèrent en imprécations violentes contre les alliés; ils oublièrent tous leurs autres maux. Le projet de détruire les ponts, le pillage, les rébellions, les massacres, les taxes de guerre, le démembrement dont on était menacé; tout cela n'était pas même comparé à la nudité du Musée. Cette grande humiliation surpassait toutes les autres.

Tout ce qu'a raconté l'histoire des horribles déprédations des Goths et des Vandales n'était rien, mis en parallèle avec ces outrages commis au dix-neuvième siècle. En vain on leur objecta que ces objets précieux étaient les dépouilles des vaincus, enlevés par ceux-ci devenus vainqueurs à leur tour: le désespoir ne raisonne jamais. Les artistes s'arrachaient les cheveux; les gens de la basse classe du peuple partageaient eux-mêmes l'indignation générale. En effet, le pauvre n'était pas exclu de l'accès vraiment libéral qui est accordé en France dans tous les établissemens qui concernent les arts et les sciences. Les hommes les plus grossiers avaient visité ces chefs-d'œuvre; ils avaient droit aussi d'en regretter la privation.

Il faut remarquer en passant, qu'un tel ressentiment, un tel désespoir produit par les pertes des chefs-d'œuvre de l'art, dénote un peuple parvenu au plus haut degré de civilisation.

Tandis que l'on faisait au Musée les préparatifs d'emballage, les quatre chevaux de Corinthe, destinés jadis à être attelés au char du Soleil, ces chevaux dont la destinée, depuis qu'ils ont reçu l'existence des mains du fondeur, est d'être placés sur des arcs de triomphe élevés à la gloire des tyrans anciens et modernes, ces antiques ouvrages du fameux Lysippe, qui avaient été transportés de l'est à l'ouest, et ramenés de l'Occident à l'Orient comme symboles de victoire, furent descendus sans pitié de l'arc de triomphe du Carrousel, et on les mit en route pour l'église de Saint-Marc à Venise, d'où Buonaparte les avait enlevés en 1797.

J'observerai, en l'honneur des Autrichiens,

qu'ils mirent dans cette expédition beaucoup de modération et de délicatesse pour le Roi. Ce ne fut pas en plein jour qu'ils firent les préparatifs d'enlèvement, mais dans l'ombre de la nuit. Peut-être avaient-ils pour objet d'éviter de blesser les yeux du public, non moins que ceux du Monarque.

Cependant les gardes-du-corps de service au palais n'ayant pas été prévenus, s'aperçurent qu'il y avait des travailleurs sur l'arc de triomphe. Ils prirent les ouvriers autrichiens pour des voleurs, et les forcèrent d'interrompre leur travail.

La nuit suivante, un piquet autrichien s'empara du Carrousel, et se fit aider par la garde nationale. Un tel ministère répugnait beaucoup à des soldats citoyens, mais la sûreté de la capitale exigeait leur présence, toutes les fois que des contestations pouvaient s'élever entre les troupes étrangères et les habitans de Paris: ils furent donc contraints de devenir spectateurs de cette humiliation faite à la nation française. La paix fut donc maintenue, mais les opérations avancèrent lentement. Après trois nuits, on ne fit que desceller les barres; on se vit obligé de faire en plein jour ce qui restait à exécuter.

On eut la précaution d'interdire le passage du Carrousel à tous les spectateurs français, dont les murmures ou les regrets exprimés avec trop de chaleur, auraient pu occasionner des rixes dangereuses (1). Des piquets d'Autrichiens furent placés à toutes les avenues qui conduisent au Carrousel. Le palais et la cour des Tuileries furent, en quelque sorte, mis en état de siége, quoiqu'il ne s'agit que d'enlever quatre chevaux de bronze. Les étrangers seuls furent admis. Ce furent des ouvriers anglais qui enlevèrent les chevaux : les Autrichiens n'avaient pas d'opérateurs assez habiles en ce genre. Nombre de dames anglaises montèrent sur l'arc de triomphe, et se placèrent avec un risible orgueil sur le char de la Victoire (2).

Si, dans ces jours de justice distributive, on eût respecté le droit de la propriété, il eût été facile de prononcer que les chevaux n'appartenaient ni à l'Autriche ni à la ville de Venise. Il aurait donc fallu les renvoyer à Constanti-

(1) Le passage fut interdit aux piétons, mais les voitures et les cabriolets ne cessèrent pas de traverser le Carrousel. (*N. du t.*)

(2) Ce char est de plomb doré. Le passage continuel et le frottement des travailleurs a noirci tous les ornemens en relief. (*N. du t.*)

nople, d'où ils ont été enlevés par les Vénitiens; d'autant plus que le Grand-Seigneur possède le territoire de Corinthe, auquel ces objets d'art ont primitivement appartenu.

Peut-être eût-il fallu chercher encore ailleurs le légitime propriétaire. Lorsque Buonaparte était tout puissant, il eut un jour avec M. de Tolstoï, l'ambassadeur de Russie, une conversation où il fut question des droits à la possession de l'ancienne Bysance, vers laquelle, à cette époque, l'empereur Alexandre était soupçonné de tourner ses vues ambitieuses. L'ambassadeur dit, en plaisantant, que si Napoléon disputait les droits de l'empereur de Russie sur Constantinople, c'était peut-être par un faible pour le général Junot. Ce général avait épousé une femme de la race des Comnènes et des Paléologues; ainsi, dans la circonstance actuelle, c'est à madame Junot qu'il aurait fallu faire hommage des monumens sur lesquels ses ancêtres avaient des droits incontestables.....

Quoiqu'il en soit, les chevaux furent enlevés sans le moindre accident (1). Il n'en fut

(1) Ils sont arrivés à Venise, où leur présence a causé une joie impossible à décrire. Tout le peuple s'est porté en foule sur la place où on les avait exposés. On les a

pas ainsi du lion ailé de Saint-Marc, autre dépouille de la grandeur vénitienne, et que l'on avait placé sur une fontaine en face de l'hôtel des Invalides. Le lion était destiné à reprendre, comme ses anciens voisins les chevaux du Soleil, la route de l'Italie. La hauteur était peu considérable. Ce fut sans doute pour cela que l'on prit des précautions mal assurées. Une corde cassa; le lion, en dépit de ses ailes, descendit lourdement à terre, se brisa les jambes, et endommagea les bords de la fontaine (1). Les Parisiens, spectateurs de cette mésaventure, ne purent contenir leur joie. Au surplus, le dommage n'est pas grand pour les arts. Le lion de Saint-Marc est un ouvrage du moyen âge, et d'un travail extrêmement imparfait.

---

baisés avec transport. Il a fallu mettre sur pied une garde nombreuse pour empêcher les désordres. Les Vénitiens enchantés du retour de leurs chevaux, ne pensent plus à la promesse que semblait avoir faite l'empereur d'Autriche, de rétablir leur sénat. (*N. du t.*)

(1) Tout le monde crut ce jour-là que c'en était fait de la colonne d'Austerlitz. Les amateurs s'y portèrent en foule, pour y monter encore une fois, et jouir de la perspective étendue que présente son sommet. Le gardien de la colonne profita de cette erreur : il fit une recette considérable. (*N. du t.*)

Pendant ce temps-là les portes du Musée restaient fermées aux Français. On voulait, disait-on, épargner la susceptibilité des habitans : le fait est qu'on craignait que quelque insensé ne se portât à des actes de violence, qu'il ne déchirât un tableau ou ne mutilât une statue (1). Les troupes de chaque nation faisaient la garde à leur tour. Le jour où je fus admise au Musée, les Autrichiens faisaient le service. Les yeux menaçans de ces soldats semblaient dévorer tous les Français. Ils étalaient aussi, avec fierté, les branches de verdure attachées à leurs bonnets de grenadier. Les soldats autrichiens ont toujours cet ornement quand ils font la guerre. Les Français prenaient ces branches de lilas ou de tilleul, pour une imitation des feuilles de laurier, et

(1) Les peintres et leurs élèves furent reçus. Il leur fut permis de prendre des copies jusqu'au dernier moment. Je répéterai, à cet égard, avec un de nos journaux les plus accrédités, qu'il est fâcheux que, sous le règne de Buonaparte, on n'ait point pris des plâtres exacts de toutes ces statues, et qu'on n'ait point fait faire par de bonnes mains des copies des meilleurs tableaux. Les empreintes des anciennes statues placées sur le piédestal des originaux, nous consoleraient en partie de cette perte. (*N. du t.*)

ils en ressentaient une offense qu'ils ne pouvaient cacher.

Cependant quelques Parisiens eurent l'adresse de se faufiler avec des étrangers, et d'entrer dans l'intérieur du Musée. Je vis dans la grande galerie des artistes qui se promenaient d'un air distrait, et faisaient entendre des murmures mal étouffés. J'éprouvai une sorte de froissement quand je descendis dans la salle des antiques, et que j'y trouvai vacant le piédestal où brillait naguère la plus admirable statue de l'univers. Je restai comme stupéfaite. Un des anciens gardiens de l'établissement lisant dans mes regards, me dit d'une voix entrecoupée de sanglots : « Ah ! madame, elle est partie, « elle est partie : je ne la reverrai plus ! Oui, « madame, ils l'ont enlevée ce matin à trois « heures, et sous bonne escorte. »

Ce bon vieillard pleurait la Vénus de Médicis, comme on pleurerait une fille ou une maîtresse.

Peu de jours après ce fut le tour de la salle d'à côté. L'Apollon du Belvédère était déjà descendu dans un coffre, ou, pour mieux dire, dans un cercueil. Les ouvriers l'assujétissaient fortement à l'aide de coins de bois. Les intervalles étaient remplis de plâtre. Un artiste n'avait pas encore achevé d'esquisser ces traits célestes, lorsque la grossière truelle d'un maçon vint couvrir d'un exécrable enduit cette figure divine. On voyait encore le bras du dieu s'étendre majestueusement. Les artistes français, présens à cette scène de douleur, versaient des larmes abondantes. Ils portaient leurs lèvres sur la main du dieu, et prenaient congé de lui pour toujours. Les adorateurs d'Apollon ne lui eussent pas rendu d'autres hommages dans l'antiquité.

L'Apollon est allé ajouter à Rome un nouveau lustre. Il est allé y jouir d'un nouveau temple; mais Paris ne le reverra pas. Les Français, à la vérité, l'ont traîné en 1797, à la suite d'une pompe triomphale; mais ils n'ont cessé de lui prodiguer leur admiration : ils l'ont vanté comme le plus brillant trophée de la victoire. On aurait donné des trésors pour sa conservation. Que dis-je? beaucoup de gens l'auraient défendu au prix de leur sang, si toute résistance n'eût pas été inutile.

L'emballage de toutes ces divinités ne laissa pas de donner de graves inquiétudes. On n'avait ni l'assistance ni les outils nécessaires. Ni récompenses ni menaces ne purent déterminer les porte-faix ou les artisans français à prêter leurs secours. Les Français de la dernière classe étaient trop indignés d'une telle spoliation. Il fallut enfin, pour enlever les tableaux, mettre en réquisition les échelles d'un homme qui montrait des singes savans, dans le voisinage du Louvre.

La divinité qui rendait des oracles à Delphes, passa toute la nuit dans la rue, où elle aurait pu souffrir de grands dommages en cas de tumulte. Quant à la Vénus de Médicis, elle fut réduite, comme une femme de mauvaise vie, à passer quelques heures dans un corps-de-garde.

Lorsqu'on enleva l'inestimable tableau de la Transfiguration, le plus parfait qui existe, on le laissa tomber à terre. Tont le monde frémit d'épouvante. C'est une peinture sur bois et tellement vermoulue, que dans plusieurs endroits l'épaisseur n'est pas de plus d'une ligne et demie. La poussière qui sortit des trous pratiqués par les vers s'étendit, à grands flots, sur le pavé, et excita les plus terribles appréhensions. On s'approcha en tremblant du chef-d'œuvre de Raphaël; heureusement il n'avait reçu aucun dommage.

Les commissaires du grand duc de Toscane s'étant emparés de la Vénus, portèrent leurs mains avides sur la *Madona della seggia* (la Vierge à la chaise.)

Ce charmant tableau de Raphaël, est du petit nombre de ceux qui ont souffert de leur séjour à Paris. Cependant on ne saurait décider d'où vient le préjudice qu'il a éprouvé. Est-ce parce qu'en Italie il était couvert d'une glace, et que les parties évaporées de l'huile se sont condensées sur les parties voisines ? ou bien le vernis aurait-il été enlevé lorsqu'on envoya ce tableau dans le Musée ?

La prise de possession de tous les objets cédés par le traité de Tolentino, consomma la spoliation du Musée, et il n'y reste pas une vingtième partie de ses anciennes richesses.

Les Espagnols réclamèrent leur part de la distribution générale, et se dédommagèrent un peu du mauvais succès de leur invasion. Ils étaient entrés sur les frontières du Roussillon au mois d'août, sous prétexte de fournir des secours au Roi de France ; mais, selon toute apparence, dans le dessein de faire habiller leurs troupes aux dépens de la France, comme l'avaient fait tous les alliés.

Dans la dernière année du gouvernement de Buonaparte, en 1814, on avait fait une exposition publique de sujets de l'école espagnole, de l'école italienne avant Raphaël, et de l'école allemande. Quelques maréchaux français, pour faire leur cour, envoyèrent leurs Morillos pour grossir l'exposition. Ils oublièrent de les retirer sous le règne de Louis XVIII, et pendant le fléau des trois mois.

L'ambassadeur d'Espagne n'aurait pas réclamé les chefs-d'œuvre de Morillo, s'ils s'étaient trouvés dans les maisons des particuliers qui les avaient acquis; mais les trouvant dans un établissement public, il profita de la négligence des propriétaires, et les renvoya en Espagne (1).

Les commissaires du roi de Sardaigne se présentèrent les derniers. Le moment était malheureux. Les gardes autrichiens avaient quitté le Musée pour enlever les chevaux du Carrousel. Les gardiens du Musée, furieux de voir arriver de nouveaux réclamans, s'opposèrent de vive force à leur entrée.

Une attaque du même genre fut dirigée contre la bibliothèque du Roi.

---

(1) L'auteur ne donne point de renseignemens sur ces Morillos, ni sur la manière dont ils avaient pu être enlevés dans les établissemens publics et vendus à des généraux français. C'est en vain que nous avons cherché à remplir cette lacune. (*N. du t.*)

Parmi les manuscrits du Vatican cédés en vertu du traité de Tolentino, il s'en trouvait qui avaient été enlevés violemment de la bibliothèque de Heidelberg, dans le Palatinat, par les soldats du général Tilly, pendant la guerre de trente ans. Ces objets furent, à la même époque, donnés au pape.

Les commissaires du grand duc de Bade s'emparèrent de ces manuscrits, dont la propriété appartenait de droit à leur maître, comme souverain actuel de Heildelberg. Tous ces manuscrits étaient grecs ou latins, au nombre de quatre mille. On les avait pris, à Rome, à Venise, et dans la bibliothèque de St.-Ambroise à Milan. Plût à Dieu qu'ils fussent retournés chacun au lieu d'où ils étaient venus, car le Vatican est le tombeau des manuscrits! A Rome, tout ce qui concerne les sciences et la littérature, est à jamais perdu pour le monde. Les beaux-arts seuls y sont protégés.

D'après les principes établis pour ces réclamations, il eût été fort difficile de discerner ce qu'il fallait rendre à chaque souverain, à chaque peuple. J'ai déjà dit que Mme Junot n'aurait pas été sans droits pour réclamer les chevaux de Corinthe. Un commissaire de la Belgique aurait pu redemander aussi l'horloge de l'hôtel-de-ville de Troyes en Champagne, qui fut enlevé, il y a quatre siècles, par Charles VI, lors de ses campagnes de Flandres.

Quelques Anglais allèrent jusqu'à faire un crime à lord Wellington d'avoir mis de la tiédeur, en ne revendiquant pas la fameuse tapisserie de la reine Mathilde.

Lorsque Buonaparte projetait ou semblait projeter son invasion en Angleterre, il crut nécessaire d'élever l'enthousiasme des Parisiens à la hauteur d'une pareille entreprise. On fit faire des histoires des quinze ou vingt descentes en Angleterre qui avaient réussi. Mais ces relations paraissaient mensongères ou fabuleuses. D'après la maxime d'Horace, que ce qui frappe les yeux produit plus d'effet que les vains sons qui retentissent aux oreilles, les murailles de la galerie d'Apollon, au Musée, furent couvertes de la tapisserie de la reine Mathilde. Ce monument prouvait que la chose était non seulement possible, mais avait été exécutée.

L'incrédulité des Parisiens fut vaincue, lorsqu'ils virent tous les détails de l'heureuse expédition de Guillaume-le-Conquérant tracés par la main de l'épouse de ce roi et de ses femmes. Hume, dans son histoire, parle quelquefois de cette tapisserie, pour constater divers évènemens de la même époque.

Il est évident que le Prince régent aurait pu réclamer cette tapisserie, comme héritier de Guillaume-le-Conquérant et de la reine Mathilde.

Lorsque le temps eut commencé à guérir la douleur des Français, ils songèrent, avec quelque consolation, à ce qui leur restait. On s'occupe en ce moment de former un nouveau Musée, qui présentera encore une collection précieuse et considérable. Les tableaux de Rubens (1), de Lesueur, de Vernet, qui composent la galerie du Luxembourg, peuvent être réunis aux tableaux du Poussin et aux tableaux de Mignard que l'on voit à Trianon. Il existe aussi quelques tableaux de Raphaël, celui qui représente François Ier, la sainte famille et le saint Michel; quelques morceaux de Léonard-de-Vinci, de Claude Lorrain, de Champagne et les batailles de Lebrun.

Ce qu'on possède encore de sculptures n'est

---

(1) Il serait très-fâcheux de détruire la galerie de Rubens. Cette suite de tableaux ne peut avoir une meilleure destination. Quant à l'histoire de saint Bruno par Lesueur, elle faisait d'abord l'ornement du couvent des Chartreux : on peut sans inconvénient la transporter au Louvre. (*N. du t.*)

égalé par aucune autre collection, si l'on excepte celle d'Italie. Le cabinet d'antiques de lord Elgin est sans doute d'un prix infini pour les savans, à cause de la multitude de fragmens mutilés qu'il renferme; mais on ne peut y trouver un plaisir semblable à celui que procurent la vue de l'Apollon et du Laocoon.

Paris conserve encore la Diane de Versailles, la Pallas de Velletri, qui a été légitimement acquise; et le musée du prince Borghèse dans lequel figurent le Gladiateur et beaucoup d'autres sujets que l'on peut comparer aux plus célèbres morceaux du Vatican.

Buonaparte avait acheté cette collection à son beau-frère, en lui donnant, en échange, des terres situées dans le Piémont. Sa majesté sarde, de retour dans ses domaines, a confisqué les terres du prince Borghèse. On pouvait craindre que cela n'anéantit le marché, et que le prince n'eût droit de réclamer sa magnifique collection; mais le congrès de Vienne, investi de la haute police de l'Europe, a invité le roi de Sardaigne à rétracter la confiscation.

Le Musée de Paris aurait encore pu être enrichi de la collection du prince Giustiniani, collection où l'on admirait des productions de Michel-Ange, de Caravaggio, du Guide et du

Carrache ; mais elle a été achetée par le roi de Prusse, moyennant cinq cent mille francs.

La collection de la Malmaison renfermait les belles statues de Canova. Le Pâris, la Vénus, la Terpsychore, et quelques tableaux de Claude Lorrain, enlevés de Cassel par Buonaparte. L'électeur avait l'intention de réclamer ces derniers, mais la collection entière a été acquise par l'empereur de Russie.

Je sais ce que l'on peut objecter sur le dénûment auquel se trouve réduit le Musée. On dira que ces objets avaient été volés à leurs propriétaires ; que jamais ils n'ont pu être considérés comme appartenant à la France, et qu'en conséquence, en les reprenant, on n'a violé aucun principe de justice.

On ajoutera, sans doute, que ces chefs-d'œuvre appartiennent aux pays où sont nés les hommes de génie qui les ont créés. Cependant cette dernière raison ne serait pas trop bonne; car, pour être conséquent, il faudrait en renvoyer une bonne partie ou dans la moderne Athènes, ou dans la moderne Corinthe. Enfin, on dira cent mille choses infiniment justes et raisonnables; mais les Français sont trop en colère pour entendre raison.

Les Parisiens assurent que, dans la rapide

succession du temps, une possession de quelques années donne les mêmes droits que celle acquise autrefois par des siècles. Ils remarquent avec amertume que cet esprit de justice si rigidement mis en pratique à l'égard de tableaux et de statues, n'a pas été aussi bien observé à l'égard des hommes. Tandis que les Souverains ont montré tant de rigueur pour des objets inanimés, ils se sont partagés les hommes comme de vils troupeaux.

Les Français de bonne foi, ont moins blâmé la spoliation du Musée en elle-même, que la manière dont elle s'est exécutée. Au lieu d'en faire la condition solennelle d'un traité qui aurait été religieusement observé, on a employé la force ouverte. On a aggravé la perte par une voie de fait inutile.

Oui, sans doute, il serait plus important pour l'univers que tous ces chefs-d'œuvre des arts fussent disséminés : ce n'était pas à Paris qu'il convenait de les entasser tous ensemble. Il y a d'ailleurs une sorte de liaison intime entre ce que j'ose appeler les productions mobiles des arts, et les productions non transportables, telles que les peintures à fresque et les grands monumens d'architecture. Il est peut-être une secrète sympathie entre l'Apollon, la Transfiguration, le dôme de St-Pierre et l'école d'Athènes.

Les artistes français repoussent avec horreur l'imputation qui leur a été faite d'avoir altéré les originaux en restaurant les draperies. Jamais une telle profanation n'a existé (1). On n'a fait usage du pinceau que pour remettre

---

(1) Si quelque tableau avait perdu entre les mains des artistes français quelques-uns des traits que lui avait imprimés son immortel auteur, ce ne pourrait être que la Vierge de *Foligno*. Ce tableau, peint sur bois, était dans un état affreux de dégradation, et presque méconnaissable lorsqu'on l'apporta au Musée. Sa restauration fut un chef-d'œuvre d'industrie et de patience. On étendit le tableau du côté de la peinture sur un cadre formé de planches parfaitement unies. On amincit ensuite le bois avec des rabots, jusqu'à ce qu'il ne restât plus qu'une feuille extrêmement légère; cette feuille fut enlevée par copeaux avec les instrumens les plus délicats, et quand il ne resta plus que la couche de couleurs, on rapprocha les diverses parties que les gerçures du bois avaient écartées, et l'on y colla une toile. Cette opération terminée, il fallut bien rétablir plusieurs vides, et ranimer quelques teintes à l'aide du pinceau; mais sans de pareils soins, le chef-d'œuvre n'existerait plus en ce moment. La *Transfiguration* est aussi menacée d'une destruction prochaine, si quelque main hardie, téméraire peut-être, ne la transporte bientôt sur toile. (*N. du t.*)

de la couleur dans des places de peu d'étendue et qui n'ont jamais excédé un huitième de ligne en carré : cela était nécessaire pour remplacer les parties écaillées.

Enfin, les artistes français craignent que ces chefs-d'œuvre n'éprouvent plus ou moins de dommages par une longue traversée, à cause du peu de précautions qu'on a prises pour les emballer (1).

M. Canova a fait partir tous ces trophées pour l'Italie, par la Belgique, où on les embarquera pour la Méditerranée. Cette circonstance à donné lieu à l'imputation calomnieuse qu'une partie était destinée à orner le palais du prince-régent à Carlton-House.

Le sacrifice du Musée étant consommé, le jardin des Plantes et son cabinet d'histoire naturelle subirent une visite rigoureuse. On y avait déposé autrefois une foule d'objets d'histoire naturelle, enlevés au cabinet du prince d'Orange, lors de la conquête de la Hollande par Pichegru.

---

(1) Lorsque M. Canova se fit annoncer comme l'ambassadeur du Pape, chez un grand personnage, celui-ci feignit de mal entendre, et l'appela poliment M. l'*emballeur*. Ce sarcasme fut cause que M. Canova n'osa point assister à l'emballage.

La restitution n'était pas aussi facile que l'avait été celle des richesses de la galerie du Louvre. Rien de plus aisé que de constater l'identité de tableaux et de statues; d'ailleurs ce sont des objets isolés que l'on peut déplacer sans le moindre inconvénient. Mais dans une collection d'histoire naturelle, les sujets étant classés par genres, et en quelque sorte par familles, la suppression de quelques individus rompait la chaîne et détruisait l'ensemble.

Le cabinet du Stathouder était beaucoup moins riche qu'on ne l'imaginait généralement. Il n'était pas aussi considérable que celui de Paris; et les commissaires de la république française n'avaient pas tout emporté.

Les professeurs du jardin des Plantes proposèrent un expédient qui obviait à toute difficulté : ce fut de donner au roi de Hollande des doubles de leur magnifique collection, sans examiner si ces doubles avaient ou non fait partie originairement de la propriété du Stathouder. Cette proposition fut acceptée avec plaisir par le ministre du roi des Pays-Bas.

Ainsi finit ce long chapitre des restitutions. Le dé est jeté; il n'y a ni alarmes à exprimer, ni raisonnemens à faire, ni remontrances, ni plaintes qui soient de saison. Le ressentiment agite encore le cœur des Français ; mais le temps l'adoucira, comme il efface toutes les impressions trop vives. Espérons que la France apprendra à supporter l'adversité avec grandeur, et que les puissances alliées useront noblement de leur prospérité. Elles avaient beaucoup d'injures à venger ; mais la vengeance appelle d'autres représailles. Une grande nation poussée au désespoir ne connaît plus de bornes ni d'obstacles.

CHAPITRE XV ET DERNIER.

Ouverture de la session des deux Chambres.—Intérêts respectifs de la France et de l'Europe.—Présages et garanties d'une paix durable.

Tous les yeux sont maintenant fixés sur les deux chambres. Un homme d'état fort spirituel a observé à l'ouverture de la session, que, grâce à la direction qu'avaient pris les suffrages des corps électoraux, il existait véritablement *deux chambres hautes*. En effet, la chambre des députés renferme un nombre considérable de marquis, de comtes, de barons et d'anciens nobles, tandis que dans la chambre des pairs, il existe bon nombre d'ex-sénateurs qui n'ont point de parchemins dont ils puissent tirer vanité (1).

(1) Rien de plus louable que l'assiduité de MM. les députés dans leurs nobles travaux, dont ils ne retirent aucun émolument. L'année dernière, les députés qui jouissaient d'un traitement annuel de dix mille francs (traitement énorme sous Buonaparte, où chaque session était de *trois mois* au plus), se rendaient exactement aux séances publiques et aux comités secrets; mais ils

Le Roi, n'en doutons pas, réalisera toutes les espérances qu'on a fondées sur son règne. Il désire éviter le choc des partis, et il a donné tous les gages possibles de sa modération.

Le premier ministère formé dans un temps d'orage, immédiatement après l'arrivée de Louis XVIII, a été dissous. Le Roi en a composé un autre, dont le chef, héritier d'un grand nom, est renommé par sa modération, sa fermeté et sa sagesse.

Les débats des deux chambres ont offert un étrange phénomène, et le résultat se trouve on

mettaient moins d'empressement à se trouver aux conférences des bureaux. M. Laîné, président, était obligé de leur représenter souvent l'importance de ces examens préparatoires exigés par l'article 46 de la Charte. Aussi, les réunions des bureaux n'étaient-elles fréquentées que par les soixante ou quatre-vingt membres qui formaient ouvertement le parti de l'opposition. Les Durbach, les Bédoch, les Casenave, les Dumolard, les Vézin, etc., y avaient le champ libre, et faisaient partie de toutes les commissions. De là est résulté que, dans une occasion importante (lors de la loi sur les biens des émigrés), une proposition accueillie à la presque unanimité dans les bureaux, fut repoussée par l'assemblée à une majorité considérable. Les commissions sur la presse, sur la cour de cassation, etc. furent également en opposition avec la majorité de l'assemblée. (*N. du t.*)

ne peut pas plus honorable pour le Roi. S'il existe une tendance à ce qu'on appelle *les idées libérales*, elle est plutôt dans le ministère que dans la chambre des députés.

Le Roi, dont l'esprit est supérieur au sentiment de la vengeance, a réduit à un très-petit nombre les derniers conspirateurs que les lois doivent poursuivre, ou que l'exil doit atteindre (1). Des royalistes outrés demandaient une proscription plus étendue (2). C'est ainsi

(1) L'ordonnance du 24 juillet désigne dix-neuf individus pour être traduits devant un conseil de guerre, et trente-huit autres personnes qui devront être jugées ou exclues du sol français. La loi d'amnistie autorise le Roi à reviser cette dernière liste, à y faire des changemens, s'il y a lieu, mais on ne pourra l'augmenter. De vives réclamations se sont élevées dans le sein de la chambre des députés sur l'insuffisance de la deuxième liste, sur ce qu'on n'y trouvait pas certains noms qui auraient dû y être inscrits. M. Deserre, conseiller d'état, l'un des orateurs qui ont justifié le projet des ministres, a observé que si les listes étaient incomplètes, c'était sans doute aux circonstances qu'il fallait l'attribuer. Il est présumable, a-t-il dit, qu'au mois de juillet, lorsque l'armée de la Loire était encore réunie, on se sera vu dans la triste nécessité de composer avec quelques grands coupables. Au surplus, les listes n'ont été maintenues *sans extension*, qu'à la majorité *de neuf voix*. (*N. du t.*)

(2) Nous n'entreprendrons pas de démontrer ce qu'a

qu'après la restauration de Charles II en Angleterre, des hommes imprudens semblaient croire qu'il n'existait pas assez de haches, assez de gibets pour punir tous les coupables.

Mais tous les partis sentiront la nécessité de se rallier autour du Roi. La France verrait son salut terriblement compromis si de nouveaux troubles s'élevaient dans son sein. Cent cin-

---

d'inconvenant et de ridicule cette épithète d'*ultra-royalistes* ou de *royalistes outrés*, qu'une secte incorrigible affecte encore de donner aux amis de la légitimité. Au surplus, l'auteur n'a pas assisté aux débats des Chambres, ou n'a pas lu ceux des journaux qui en présentaient l'analyse fidèle. Miss Williams aurait vu que tous les esprits se sont réunis pour adopter l'amendement de M. le comte de Roncherolles, qui formait un *mezzo termine* entre l'avis de la commission et celui de quelques membres de l'assemblée. L'article 5, qui excepte de l'amnistie tous ceux envers qui des poursuites étaient commencées, a également concilié beaucoup de difficultés. C'est en vertu de cet article que l'amiral Linois, le colonel Boyer, le général Travot, le capitaine Caucanas, le général Rigau et le capitaine Thomassin ont été mis en jugement, et que le général Decaen doit lui-même être bientôt jugé.

Nous ajouterons que, s'il fallait encore justifier le zèle des prétendus *ultra-royalistes*, les évènemens de Grenoble et la conspiration de Paris n'ont que trop démontré leur prévoyance. (*N. du t.*)

quante mille hommes de troupes étrangères restent sur les confins de son territoire. Nul doute que les étrangers ne profitassent d'un prétexte pour démembrer ce beau royaume.

Ceux qui ont fait naître les troubles du mois de mars ne prétendaient-ils pas qu'il y avait une scission parmi les alliés, et qu'une puissance au moins se déclarerait pour eux? Car, telle était la désastreuse situation des Français, que, dans toute hypothèse, chaque parti ne voyait de ressource que dans l'intervention des étrangers.

Les nations demandent souvent pour leur tranquillité des garanties dont elles abusent ensuite, et qui deviennent de nouvelles causes de guerre. N'aurions-nous pas cru que la campagne de 1814 et la paix de Paris auraient à jamais assoupi la haine des Allemands contre les Français? Il n'en fut pas ainsi. On disait hautement dans le nord de l'Allemagne et à l'occident, sur les bords du Rhin, que les Souverains faisaient vainement la paix; que cette lutte n'était pas entre les dynasties, mais entre les peuples; que les Allemands ne considéreraient jamais leurs querelles avec la France comme terminées, tant que celle-ci conserverait l'Alsace, la Lorraine et les conquêtes de

Louis XIV; tant que ces vastes possessions ne seraient pas réunies en un royaume de *Bourgogne* (1), sous l'autorité d'un prince germanique.

Les cabinets ont été beaucoup plus modérés que les peuples. Ils ont demandé la cession, non de provinces, mais de forteresses, en alléguant que c'étaient des points d'où l'on pouvait impunément les attaquer. L'empereur Alexandre a montré dans les négociations ce noble et

(1) Certaines gazettes allemandes n'ont cessé pendant plusieurs mois, d'annoncer la formation d'un royaume du *Rhin*. Je ne parlerai pas de ce qu'un pareil démembrement aurait eu d'odieux et d'injuste; mais il serait facile de prouver que le démembrement de la France, si jamais, par impossible, il avait lieu, ne serait que passager, et que cette grande faute politique serait cruellement expiée par ses auteurs. Napoléon a payé chèrement sa manie des conquêtes, et sur-tout sa manie des réunions à ce qu'il appelait le *grand Empire*. La force suffisait pour contenir sous sa domination, ou plutôt sous son influence immédiate, la Hollande, les républiques anséatiques, la Toscane et les Etats de l'église; mais c'était le comble du délire de former de ces contrées de nouveaux départemens, de contraindre les habitans à se servir exclusivement de la langue française dans les actes publics, et de les réduire à la nécessité de ne s'exprimer que par *interprètes* dans leur propre pays et devant leurs compatriotes. (*N. du t.*)

généreux caractère qui lui a conquis pour toujours l'admiration des Français.

Buonaparte est tombé! Il n'est pas probable que, d'ici à longues années, la France redevienne redoutable par les armes. L'objet de l'alliance de Chaumont n'existe donc plus. Mais le congrès de Vienne, l'amitié personnelle entre les Souverains alliés, l'habitude que les ministres des différens cabinets ont contractée de traiter les affaires ensemble, perpétuera l'alliance des quatre puissances principales.

La politique a pris de nouvelles formes. Ces expressions : l'*Europe demande*, l'*Europe ne permettra pas*, signifient que telle est la volonté des cabinets de Londres, de Pétersbourg, de Berlin et de Vienne. Le langage diplomatique était tout différent il y a quelques années. L'union des quatre grandes puissances leur donne une force physique incalculable. De-là l'idée de former en quelque sorte une haute police de l'Europe : c'est-à-dire de gouverner le monde suivant les intérêts de ces quatre cabinets. On a observé que de toutes les conséquences de la révolution française, c'est celle-ci qui a été la plus fatale à la liberté.

Quant à la France, elle a cruellement expié son tort d'avoir pendant tant d'années courbé son front sous la plus insolente tyrannie.

Sa tendance continuelle la conduit à la prospérité. Elle a entre ses mains tout ce qui est nécessaire pour la rendre heureuse. Puisse-t-elle, abjurant la folie des conquêtes, jouir dans le calme des richesses de son climat, de sa population, de son industrie, de ses progrès dans les beaux-arts !

Espérons qu'en résultat, les convulsions politiques qui ont dévasté l'Europe, seront suivies de jours de tranquillité et de bonheur; que la modération, la grandeur d'ame, une liberté bien entendue feront la gloire du dix-neuvième siècle !

FIN.

TABLE

DES CHAPITRES

Contenus dans cet ouvrage.

FIN DE LA TABLE.

www.ingramcontent.com/pod-product-compliance
Ingram Content Group UK Ltd.
Pitfield, Milton Keynes, MK11 3LW, UK
UKHW020128220726
13923UKWH00001B/62